A NOVA TOUPEIRA

Emir Sader

A NOVA TOUPEIRA

OS CAMINHOS DA ESQUERDA LATINO-AMERICANA

BOITEMPO
EDITORIAL

Coordenação editorial
Ivana Jinkings

Editor assistente
Jorge Pereira Filho

Assistência
Rodrigo Nobile
Thaisa Burani

Preparação
Mariana Echalar

Revisão
Vivian Matsushita

Editoração eletrônica e capa
Silvana de Barros Panzoldo

Produção
Marcel Iha

CIP-BRASIL CATALOGAÇÃO NA FONTE
(Sindicato dos Editores de Livros, RJ)

S129n

Sader, Emir, 1943 –
A nova toupeira : os caminhos da esquerda latino-americana / Emir Sader. - São Paulo : Boitempo, 2009.
il.

Apêndice.

ISBN 978-85-7559-131-4

1. Direito esquerda (Ciência política) - América Latina. 2. América Latina - Política e governo - Século XXI. 3. Liberalismo - América Latina. 4. Capitalismo - América Latina. I. Título. II. Título: Os caminhos da esquerda latino-americana.

09-0002 CDD-320.98
CDU: 32(8)

1ª edição: janeiro de 2009

BOITEMPO EDITORIAL
Jinkings Editores Associados Ltda.
Rua Euclides de Andrade, 27 Perdizes
05030-030 São Paulo SP
Tel./fax: (11) 3875-7285 / 3872-6869
editor@boitempoeditorial.com.br
www.boitempoeditorial.com.br

SUMÁRIO

Apresentação 13
Meio século

A nova toupeira 31
A toupeira latino-americana 34
Os ciclos latino-americanos da toupeira 36
Os ciclos de luta 46
Os ciclos neoliberais 49
O pós-neoliberalismo na América Latina 53

A crise hegemônica na América Latina 57
O modelo desenvolvimentista 57
A hegemonia neoliberal 59
A crise hegemônica 62

O enigma Lula 69
Críticas de direita e de esquerda ao governo Lula 70
A esquerda brasileira antes de Lula 72
O surgimento do PT e de Lula no cenário político 74
O enigma: o Lula que realmente existe 81

O desafio teórico da esquerda latino-americana 93
A orfandade da estratégia 93
Reforma e/ou revolução 103
As três estratégias da esquerda latino-americana 130

Caderno de imagens 159

O futuro da América Latina 167

Fases da luta antineoliberal 167

Para uma América Latina pós-neoliberal? 172

Índice dos principais nomes e siglas citados 179

Crédito das imagens 187

Sobre o autor 189

Los caminos

Los caminos,
los caminos no se hicieron solos
cuando el hombre,
cuando el hombre dejó de arrastrarse.

Los caminos,
los caminos fueron a encontrarse
cuando el hombre, cuando el hombre,
ya no estuvo solo.

Los caminos,
los caminos que encontramos hechos
son desechos,
son desechos de viejos vecinos.

No crucemos no crucemos
por esos caminos
porque sólo, porque sólo
son caminos muertos.

Pablo Milanés

É preciso sonhar, mas com a condição
de acreditar seriamente no nosso sonho,
de examinar com atenção a vida real,
de confrontar nossas observações com nosso sonho,
de realizar escrupulosamente nossa fantasia.

Vladimir Lenin

APRESENTAÇÃO

Meio século

Esta publicação coincide com os cinquenta anos da Revolução Cubana e também com os meus cinquenta anos de militância política. Iniciei minha militância quando comecei a divulgar um jornal que anunciava um acontecimento histórico, o qual, mais tarde, seria mundialmente conhecido como a Revolução Cubana.

A Revolução Cubana e o processo histórico que lhe sucedeu marcaram de tal modo este último meio século que uma parte significativa da vida de diversas gerações já não pode ser compreendida sem eles. Além disso, a "Guerra Fria" encarregou-se de multiplicar o efeito da revolução quando transformou Cuba, ao lado de Berlim dividida, em uma das duas esquinas onde se enfrentaram os dois sistemas – o capitalista e o socialista – do mundo polarizado.

Bastou um pequeno país, uma ilha do Caribe a noventa milhas dos EUA de economia primário-exportadora de açúcar, colocar o socialismo na ordem do dia da América Latina e do hemisfério ocidental, para que os rumos da história contemporânea e da vida de milhões de pessoas fossem radicalmente modificados.

Até então, para nós, no Brasil e na América Latina, o socialismo era algo longínquo, asiático, habitado por personagens lendários, quase sobrenaturais, como Lenin e Mao Tsé-tung. Achávamos que conhecíamos algumas revoluções – verdadeiras ou não –, como a Revolução Mexicana e a Revolução de 1930 no Brasil, mas quase não falávamos da Revolução Boliviana de 1952. O significado de uma revolução permanecia impreciso e muito vago. Embora sua validade permanecesse restrita ao período histórico da passagem do feudalismo ao capitalismo, a Revolução Francesa ocupava o lugar de referência clássica.

Ainda que os programas políticos da esquerda procurassem lhes dar raízes nacionais e concretas, tanto o socialismo quanto o comunismo não passavam de meras conjecturas e objetos de leitura. Líamos o *Manifesto Comunista*, *Do socialismo utópico ao socialismo científico*; conhecíamos a experiência heróica, mas derrotada, da Comuna de Paris, por meio de *A guerra civil na França*; líamos os *Dez dias que abalaram o mundo*; e alguns também se aventuravam em *A história da Revolução Russa*[*], de Trotski, ou mesmo na trilogia dos profetas, de Isaac Deutscher[**].

Países como Argentina, Uruguai, Chile e Brasil tinham seus partidos socialistas e até mesmo seus partidos comunistas, mas estes não nos encaminhavam para as lutas concretas pelo socialismo e pelo comunismo. No máximo, limitavam-se a participar de coalizões políticas que defendiam reformas progressistas ou então se mantinham como forças isoladas, sem maior inserção na realidade política de seus países. Não representavam alternativas fortes e só votávamos neles por um ato de afirmação de nossa identidade ideológica.

O fato é que os grandes episódios políticos – como os dramas de Juan Perón e de Getúlio Vargas – tiveram como protagonistas os próprios dirigentes e suas forças nacionalistas, enquanto a esquerda se limitava a discutir se deveria ou não apoiá-los. Em suma, a esquerda não tinha força decisiva ou polarizadora nos cenários políticos existentes.

Mesmo os golpes militares, com exceção do da Argentina em 1955, que derrubou Perón[1], não passavam de vagas menções imprecisas. Costumava-se atribuir a constante troca de governos – como na Bolívia, por exemplo – à

---

* Karl Marx e Friedrich Engels, *Manifesto Comunista* (São Paulo, Boitempo, 1998); Friedrich Engels, *Do socialismo utópico ao socialismo científico* (São Paulo, Centauro, 2005); Karl Marx, *A guerra civil na França* (São Paulo, Global, 1986); John Reed, *Dez dias que abalaram o mundo* (São Paulo, L&PM, 2004); Leon Trotski, *A história da Revolução Russa* (São Paulo, Paz e Terra, 1980). (N. E.)

** Isaac Deutscher, *O profeta banido* (Rio de Janeiro, Civilização Brasileira, 2006); idem, *O profeta armado* (Rio de Janeiro, Civilização Brasileira, 2005); idem, *O profeta desarmado* (Rio de Janeiro, Civilização Brasileira, 2005). (N. E.)

1 Graças a esse golpe, começou-se a usar o termo "gorila" para denominar os militares golpistas.

instabilidade institucional, a qual, por sua vez, terminava incitando os golpes militares. Falávamos das "repúblicas bananeiras", em geral em associação aos clãs, como os Somozas na Nicarágua, os Trujillos na República Dominicana, os Duvaliers no Haiti e até mesmo os Batistas em Cuba, todos ditadores aliados dos Estados Unidos e colocados por eles no poder.

Na realidade, a América Latina praticamente nem existia para nós! Um ou outro conhecia a Argentina ou o Uruguai; o Paraguai era apenas aquela fronteira por onde entrava o contrabando. Sabíamos do Aconcágua e do Titicaca por causa das provas de geografia.

Líamos a literatura europeia e entendíamos por história apenas a da Europa; nem a Revolução Norte-Americana nos era apresentada! Não conhecíamos Borges, Rulfo, Carpentier, Roa Bastos. Uns poucos, em geral graças às suas posições políticas, conheciam Neruda ou Guillén. Não sabíamos do Prêmio Nobel de Gabriela Mistral e menos ainda de sua poesia. Conhecíamos algo, talvez, de Astúrias, porque remetia a ditadores centro-americanos – o Caribe era subsumido pela América Central. Para nós, nem existia como tal. A música latino-americana resumia-se ao tango, ao bolero e, em parte, a alguma rancheira mexicana, apresentada pelos filmes lacrimejantes da Pemex. Aliás, o cinema latino-americano eram os filmes românticos, mexicanos e argentinos.

As guerras de independência nos eram totalmente alheias, porque estavam ausentes dos currículos escolares – que preferiam os casamentos dos imperadores europeus. Nem Bolívar, nem Sucre, nem San Martín, nem O'Higgins, nem Artigas, todos eliminados com a própria guerra de independência que enfrentou e expulsou o colonizador. Embora tenha sido um evento determinante na história do nosso continente, ainda hoje, para nós, a Batalha de Ayacucho, que representou a derradeira derrota das tropas espanholas obrigadas a enfrentar a união dos exércitos latino-americanos, não existe!

Tínhamos uma visão folclórica, cinematográfica, de Pancho Villa e Zapata, e não tínhamos a mínima ideia do sentido profundo da Revolução Mexicana. Perón era apenas um Getúlio argentino. Não sabíamos nada da história do Uruguai, do Chile, do Peru, entre outros dos nossos vizinhos. Artigas, Battle, Yrigoyen, Recabarren, Pedro Aguirre Cerda, Mariátegui eram nomes totalmente sem sentido para nós. A vitória de Allende, no Chile, nos pegou completamente desprevenidos para entender como – enquanto reinava a ditadura militar por aqui – uma coalizão socialista-comunista ousara colocar em prática transformações socialistas e, mais ainda, pela via eleitoral!

A luta pelo socialismo estava mais orientada pela imagem da insurreição da Revolução de Outubro e da tomada do Palácio de Inverno do que pelas experiências do movimento guerrilheiro chinês ou vietnamita – que só começou a existir para nós nos anos 1960. Desconhecíamos Dien Bien-Phu e as guerrilhas iugoslava, albanesa e coreana.

Em 1959, estudante do primeiro ano colegial – eu fazia o clássico e não o científico, as duas opções da época – do curso noturno do Colégio Estadual e Escola Normal Brasílio Machado, na Vila Mariana, bairro da classe média paulistana, lia autores marxistas e participava do movimento secundarista; mais tarde, fui presidente da União Paulista de Estudantes Secundários (Upes). As grandes mobilizações naquele momento eram as das escolas públicas, que reivindicavam mais recursos para a educação e lutavam pela aprovação da Lei de Diretrizes e Bases da Educação Nacional – luta em que se engajaram muitos intelectuais universitários, como, por exemplo, Florestan Fernandes, sociólogo da Universidade de São Paulo (USP), amigo e colega de trabalho do meu tio – Azis Simão, também sociólogo da USP, que conheci nessa época.

Foi nessa época que meu irmão Eder, dois anos mais velho, então estudante de cursinho para o vestibular de Ciências Sociais da Faculdade de Filosofia, Letras e Ciências Humanas da USP (Faculdade de Filosofia, Ciências e Letras, como era seu nome então), um amigo dele, Renato Pompeu, posteriormente jornalista, e eu conhecemos Michael Löwy, já formado em Ciências Sociais pela USP e professor numa faculdade pública do interior de São Paulo. Foi ele que nos convidou para uma reunião de um grupo socialista, a Liga Socialista Independente (LSI), marxista, leninista e luxemburguista, cujo dirigente era Hermínio Sacchetta, que fora expulso do Partido Comunista. A Liga tinha uma sede minúscula, localizada num beco da região velha de São Paulo que era conhecido por ser a parada final de uma linha de bonde: a Asdrúbal do Nascimento. No espaço de não mais que 10 m^2 cabiam apenas dois bancos laterais e uma pequena mesa ao fundo, contra uma janela, onde Sacchetta se sentava. Lembro-me dele, com seu toco de lápis vermelho, rabiscando um papel enquanto falava.

A primeira tarefa que recebemos, os três novos membros da LSI, foi divulgar o jornal da organização. Chamava-se *Ação Socialista*. Lá estava, na primeira página, a foto de guerrilheiros barbudos, posando como se fossem um time de futebol, reunidos para festejar a queda do ditador de um lugar que ainda era genericamente chamado de "América Central". Era a primeira vez que ouvíamos falar de Cuba associada à revolução. Só mais tarde passaria a ser a "Revolução Cubana", esse acontecimento que se tornaria um habitante central de nossas vidas.

No meio século anterior à Revolução Cubana, a humanidade tinha vivido as duas guerras mundiais, a Revolução Soviética, a crise de 1929, a ascensão do fascismo e do nazismo, a Guerra Civil Espanhola, a Guerra da Coreia, as revoluções mexicana e boliviana (esta, de 1952), a Revolução Chinesa, o começo do fim do colonialismo europeu, e a bomba de Hiroshima, entre tantos outros acontecimentos. Nada que se compare ao impacto que a revolução socialista cubana teve sobre a nossa geração.

Apesar da Revolução Soviética, o período transcorrido entre 1909 e 1959 pode ser caracterizado como o da ascensão da contra-revolução na Europa ocidental, pois foi a contra-revolução que definiu o clima político mundial até o fim da Segunda Guerra Mundial. A derrota do nazismo e do fascismo, a constituição do campo socialista no Leste europeu, o início dos processos de independência política da Ásia e da África – a começar pela Índia –, e principalmente a vitória da Revolução Chinesa determinaram um novo período, o de ascensão do movimento de massas. A Revolução Cubana e a militância política das novas gerações, agora sob o signo da vitória, são filhas desse novo período dominado pela liderança de Fidel Castro e Che Guevara. Ambos são marcos decisivos e figuras marcantes. Quase se poderia dizer que as gerações seguintes seriam definidas por sua posição em relação a eles.

Em *Les rendez-vous manqués** [Os encontros falhados], Régis Debray questiona o destino de uma parte de sua própria geração que estava em busca da revolução. Uma revolução que a Europa lhes negara e que eles vieram buscar na América Latina. Como parte desse encontro marcado com a revolução, Debray relata as desventuras de Pierre Goldman, um companheiro menos afortunado que tentou unir-se às guerrilhas na Venezuela e acabou sendo assassinado em Paris por um comando de ultra-direita, o qual, em uma carta lhe antecipara que, algum dia, "ainda seremos gratos por termos feito vinte anos na década de 1960".

De fato, as décadas de 1920 e de 1960 foram aquelas em que os "assaltos aos céus" que realizariam os sonhos utópicos pareciam estar ao alcance de nossas mãos. Na década de 1920, as dramáticas consequências da Primeira Guerra Mundial e os efeitos do triunfo bolchevique inauguraram um período de ascensão da esquerda que logo depois seria brecada pela derrota das tentativas revolucionárias na Alemanha e pelos assassinatos de Rosa Luxemburgo

* Régis Debray, *Les rendez-vous manqués – pour Pierre Goldman* (Paris, Le Seuil, 1975). (N. E.)

e Karl Liebknecht. Rapidamente, as alternativas de extrema-direita conseguiram organizar-se para responder à crise de hegemonia burguesa: a derrota do ensaio revolucionário dos conselhos operários de Turim, dos quais Gramsci participou, abriu caminho para a solução contra-revolucionária da crise italiana e a ascensão de Mussolini; algo similar ocorreria na Alemanha, com a chegada de Hitler ao poder. A derrota dos republicanos na Guerra Civil Espanhola, por sua vez, abriu caminho para o franquismo, que, juntamente com o salazarismo, dominaria a política ibérica durante décadas.

O isolamento da Revolução Soviética – responsável, em última instância, por seu fracasso posterior e determinado por sua incapacidade de alastrar-se pela Europa avançada, em particular por seu elo mais frágil, a Alemanha, derrotada na guerra – condenou o socialismo do século XX a deslocar-se para a Ásia, mais atrasada e periférica, violando ainda mais aquele roteiro de negação e superação do capitalismo previsto por Marx para o socialismo.

Jovens radicais, marcados pela Revolução Cubana, considerávamos a União Soviética, o stalinismo, as bibliografias esquemáticas da Academia de Ciências e os Partidos Comunistas em geral filhos de um único fenômeno, globalmente desviado, da revolução socialista "traída" pela burocracia, segundo a explicação de Trotski. De todo modo, foi também a referência cubana que nos salvou do sectarismo estéril das correntes trotskistas, que no Brasil assumiu uma de suas formas mais extravagantes, o posadismo. Este teve como militantes alguns intelectuais que, em geral, foram cooptados pela direita.

Em suma, ser de esquerda era ser anticapitalista, socialista, marxista, guevarista. "Revolução socialista ou então caricatura de revolução", esse era o lema que dava sentido às nossas vidas. O marxismo, que assumimos desde cedo, constituía o eixo de nossos estudos: "Os filósofos apenas interpretaram o mundo de diferentes maneiras; porém, o que importa é transformá-lo"[2], mesmo porque, "a teoria converte-se em força material quando penetra nas massas"[3].

Falando da primeira geração de revolucionários cubanos, Fernando Martinez Heredia reconhece que seria "um erro acreditar que tudo aconteceu porque nos tornamos marxistas, quando a verdade é que nos tornamos

---

[2] Karl Marx e Friedrich Engels, "Teses sobre Feuerbach", em *A ideologia alemã* (trad. Rubens Enderle, Nélio Schneider e Luciano Cavini Martorano, São Paulo, Boitempo, 2007), p. 539.

[3] Karl Marx, "Crítica da filosofia do direito – Introdução", em *Crítica da filosofia do direito de Hegel* (trad.: Rubens Enderle e Leonardo de Deus, São Paulo, Boitempo, 2005), p. 151.

marxistas por causa de tudo o que aconteceu"[4]. Para nós, aqui no Brasil, parecia haver uma coincidência entre o fato de ser marxista e o movimento histórico que punha a revolução na ordem do dia, como se teoria e realidade convergissem hegelianamente. Tudo aconteceu porque nos tornamos marxistas, mas tudo que aconteceu nos empurrava também para que nos tornássemos marxistas.

A leitura de *A ideologia alemã* foi um dos acontecimentos mais marcantes da minha vida, pois levou-me à compreensão de como, concretamente, a produção das condições materiais de existência gera as formas de consciência e de alienação no homem; de como objetividade e subjetividade são duas expressões projetadas desse homem que, ao transformar o mundo, transforma a si mesmo. Algo parecido sucedia com uma parte de minha geração, que encontrava no marxismo as chaves para uma leitura da realidade e os germens de um projeto para a sua transformação. De certo modo, tudo que aprendi depois, com Lukács, Gramsci, Sartre e tantos outros, era um desdobramento dessa leitura primordial.

Os acontecimentos da década de 1960 vinham nos convencer de que a esquerda estava destinada a tornar-se vitoriosa. Que deixaria de estar restrita àqueles raros pais comunistas de algum amigo nosso, dignos e honrados, mas isolados, que remavam contra a corrente. O consenso estava caminhando na direção dos que eram de esquerda, de esquerda radical, revolucionários. A vida de revolucionário, a vida dedicada à militância pela revolução, tornava-se a única vida plena de sentido.

Tínhamos do nosso lado o que de melhor a humanidade havia produzido: Marx, Engels, Lenin, Trotski, Rosa Luxemburgo, Gramsci, Mao Tsé-tung e Ho Chi Minh; e a estes todos se somavam, agora, Fidel Castro e Che Guevara! Ainda por cima, tínhamos também Sartre, Marcuse, os Beattles, Jane Fonda, Godard, Chico Buarque, Glauber Rocha, Vinicius de Morais, Oscar Niemeyer, Cortázar, García Márquez, entre tantos outros. Cuba, Argélia, Vietnã, as guerrilhas na Venezuela, no Peru, na Guatemala, o Che, a *Tricontinental*, a Organização Latino-Americana de Solidariedade (Olas) indicavam o futuro, enquanto o capitalismo latino-americano, a começar pelo Brasil, era obrigado a apelar para as ditaduras militares. O céu, tomado de assalto, apontava o futuro da humanidade.

---

[4] Fernando Martinez Heredia, "Palabras al recibir el Premio Nacional de Ciencias Sociales", *Periferia*, Buenos Aires, ano 11, n. 14, p. 78.

A morte de Che, por mais triste que tenha sido, parecia um acidente de percurso. Muitos de nós não conseguiram aceitar sua dimensão real. Lembro-me de ver na televisão a imagem, registrada por brasileiros, do corpo de Che – uma imagem que confirmava que a notícia era, nas palavras de Fidel, "dolorosamente real". Ainda assim, obriguei-me a pegar o fusca para ir assistir a mais uma aula de Foucault – que fazia naquele momento um primeiro esboço do que seria o seu *As palavras e as coisas**. Sentia-me o mais miserável dos seres, pensando no Che tão só – numa solidão pior do que aquela em que estavam os vietnamitas –, nas mãos dos inimigos, morto, derrotado, embora de olhos abertos. Lá do fundo do poço, fui buscar forças para reagir e sair reafirmando, com mais vigor ainda, o compromisso militante e revolucionário de "criar dois, três, muitos Vietnãs!"[5].

Quarenta anos se passaram desde aquele momento, desde a morte do Che e o lançamento de *Cem anos de solidão*, quando então eu estava completando dez anos de militância, uma das principais mudanças que aconteceu – entre tantas ocorridas desde então nas sociedades, no mundo e na cabeça das pessoas – foi a que afetou a concepção de militância política. Ser militante era uma opção de vida, porque definia o sentido da vida daqueles que aderiam a ela. Representava identificar-se com o movimento real da história; representava uma escolha pelo valor da generosidade, pois não lutávamos pelo mundo de amanhã, mas por um futuro que haveria de chegar, embora não soubéssemos quando. Lutávamos por um mundo melhor para todos, especialmente para os explorados, os oprimidos, os humilhados, os ofendidos, os discriminados. Ser militante representava a entrega de uma vida, não porque oferecíamos nossa morte, mas porque doávamos o que tínhamos de melhor: nossa capacidade teórica e nosso compromisso, marcado por uma ética pessoal e coletiva.

Hoje, depois de tantos golpes e triunfos, tantas vitórias e derrotas, recuos e avanços, conquistas e reveses, revoluções e contra-revoluções, que sentido ainda tem a militância, o socialismo, a esquerda, a revolução? Que significam Che, Marx, Fidel, Gramsci, Lenin, teoria revolucionária, marxismo?

Este livro não pretende ser uma resposta a todas essas questões. No máximo, pode ajudar na compreensão de algumas dimensões das transformações que o

---

* Michel Foucault, *As palavras e as coisas: uma arqueologia das ciências humanas* (2. ed. São Paulo, Martins Fontes, 1981). (N. E.)

[5] Ernesto Che Guevara, "Mensagem aos povos do mundo através da *Tricontinental*", em *Revista Tricontinental*, Havana, 1967.

mundo sofreu desde que Che e Camilo entraram em Havana, naquele 1º de janeiro de 1959. Um mundo que foi posto em causa por inúmeras razões, a começar pelo próprio sentido da convocação, que tantos de nós aceitamos, para um projeto de transformação revolucionária do mundo. O capitalismo não era sucedido pelo socialismo, mas se retrocedia, das primeiras versões deste, a capitalismos selvagens. A história estava muito mais aberta do que imaginávamos nós, que aceitávamos uma certa teleologia histórica. Teríamos que lutar encarando essas possibilidades, desafios muito maiores que aqueles que havíamos imaginado décadas antes.

O militante profissional não é um profissional remunerado, mas aquele que busca entregar o que de mais importante foi acumulando na construção de um mundo melhor, de um mundo sem exploração, opressão, discriminação, alienação. O militante não quer morrer pela revolução, ele deseja viver para a revolução, lutando por ela. Ser um militante de esquerda, na década de 1960, era lutar por ideais, fundindo teoria e prática, ética e vida cotidiana, amor e revolução.

Há uma década, referindo-me à chamada "literatura do exílio", afirmei que "toda literatura desse tipo, se faz, necessariamente, *post-festum*. E quando a festa acaba, os olhares já são outros", o que torna muito difícil reconstruir o clima que inspirou os atos, as falas e os gestos. Acrescentava que a dificuldade era ainda maior quando "entre o que somos e o que fomos se antepõe a derrota que, nesse caso, teve a espessura do exílio"[6].

A literatura do exílio é construída pela "ótica retrospectiva" e carrega com ela todo o peso da trajetória percorrida. Nesse caso, uma trajetória que começa com a adesão à militância, atravessa a passagem para a clandestinidade, passa, às vezes, pela prisão, chega ao exílio e se prolonga até o retorno. Mas este, como nos lembra Mario Benedetti, está condenado a não acabar nunca, por isso é melhor chamá-lo "desexílio". De todo modo, o olhar retrospectivo está necessariamente situado no fim do itinerário, privilegiando o desenlace. Seria bem diferente de um balanço dessa mesma geração que pudesse surpreendê-la na metade de seu trajeto, por exemplo, em 1984.

Naquele momento, naqueles meados dos anos 1980, com o mundo ainda polarizado, a Revolução Sandinista somava-se às ofensivas guerrilheiras em El Salvador e na Guatemala, às vitórias populares no Irã, em Angola e em

---

[6] Emir Sader, "Nós que amávamos tanto *O capital*", em *O poder, cadê o poder? – ensaios para uma nova esquerda* (São Paulo, Boitempo, 1997), p. 87.

Moçambique, apesar dos resultados que a contra-ofensiva norte-americana do governo Reagan já vinha obtendo, como a derrota do governo de Granada e o recuo do governo de Suriname. O modelo neoliberal começava a ser implantado e generalizado, e François Mitterrand iniciava a grande conversão da socialdemocracia, mudando radicalmente os rumos de seu governo já no segundo ano de seu mandato.

Mesmo assim, ainda não podíamos captar o verdadeiro alcance das transformações que mal tomavam corpo. Só mais tarde perceberíamos as enormes acomodações geológicas ocorridas nas camadas que compõem a história: a passagem do mundo bipolar para o unipolar, sob o domínio dos EUA, e a mudança do modelo hegemônico keynesiano para o neoliberal. Combinadas, essas duas mudanças produziram as maiores transformações – praticamente todas de sentido regressivo – que a história contemporânea conheceu.

Mas, para fazer justiça à trajetória que começava em 1960, é necessário reconstruir alguns marcos sociais, políticos e ideológicos que empurraram uma parte minoritária, embora representativa, daquela geração para a militância revolucionária. Cito aqui alguns trechos do artigo "Nós que amávamos tanto *O capital*", escrito por mim em 1996:

> Seria preciso partir do desprestígio econômico e social do capitalismo – "Aliança para o Progresso" incluída – como instrumento de resolução dos problemas da miséria, da injustiça e da desigualdade social no país, no momento em que emergia um novo protagonista na história brasileira – o camponês, para quem o sistema não tinha nada a dizer. O golpe de 64 contribuiu para desmistificar a democracia liberal, em nome da qual se liquidavam as conquistas democráticas existentes no seu seio. [...]
>
> Por tudo isso, aquela opção [pela militância revolucionária] nos parecia "natural" – contraditoriamente ao fato de que toda "opção" implica rupturas. A política sintetizava os caminhos das inquietações nos diferentes planos do mundo. Integrava-nos ao Brasil, à América Latina e ao mundo. Parecia que surgia a primeira geração em que não seríamos "incendiários" aos vinte e "bombeiros" aos quarenta, o fenômeno da adesão à militância parecia transcender essa disponibilidade juvenil para se confundir com o destino. Cuba representava a "atualidade da revolução", de que Lukács falava em seu *Lenin*. Era como se estivéssemos condenados à revolução: ou a fazê-la ou a sermos vítimas da sua derrota; ou a evitá-la, abandoná-la, mas levando nas costas o duro peso de quem se distanciou do movimento histórico fundamental de seu tempo. Sentíamos que morreríamos "de susto, de bala ou vício".
>
> A isso dedicamos tudo o que tínhamos de melhor, com a disponibilidade e o desprendimento de que só os jovens aderidos a ideias humanistas são capazes.

Hoje, quando uma parte dessa geração renega o passado, está tratando de apagar o momento provavelmente mais generoso da sua vida. Muitos passam o resto de suas vidas tentando demonstrar como "já não são o que um dia foram", passando rapidamente de *ex* para *anti*, no trajeto que Deutscher caracterizou como o do "herege ao renegado".

Sobre nossa identidade, a derrota cairia com todo o seu peso, para desembocar no exílio, dentro ou fora do país. A adesão a organizações políticas ilegais, por parte dos jovens em geral originários da classe média urbana, já trazia no seu bojo uma crise de identidade: abandonar a classe de origem para incorporar-se a movimentos de ideologia "proletária". A pouca experiência histórica e de massa dessas organizações e o refluxo do movimento popular não possibilitavam preencher o espaço vazio de transição da situação à posição de classe, mediante uma incorporação social a uma massa organizada e mobilizada.

A passagem à clandestinidade implicou na ruptura com vínculos sociais, no isolamento, muitas vezes na mudança de região, de setor social, de habitação, agregando um degrau a mais na crise de identidade. Quando ocorreram a prisão e a tortura, essa crise assumiu a forma do indivíduo nu diante do torturador, sem classe, sem companheiros, sem família.

A primeira etapa do exílio foi de transição. A colônia brasileira encontrava-se quase toda reunida no Chile, um país próximo geograficamente, e vivendo majoritariamente no mesmo bairro – Macul – de Santiago. Participava de uma experiência política passível de identificação, a língua e a cultura não se antepunham espessamente entre os que perderam a pátria e o universo que os recebia. O golpe de Pinochet provocou a diáspora pelo mundo afora – do Canadá à Bélgica, de Moçambique à Alemanha, de Cuba à França –, paralelamente à crise das organizações políticas brasileiras e à consolidação do "milagre" durante o governo Médici.

Estávamos nus: sem pátria. Se os outros exilados latino-americanos tinham consciência de ter uma "pátria" antes, nós a descobrimos quando a perdemos. Enquanto, para eles, que tiveram guerras de independência, a perda tinha um forte conteúdo histórico, presente na densidade de suas identidades políticas, para nós, a perda era absolutamente contemporânea – praias, música, futebol, mulheres, comida –, sem revolução, colônia brasileira, sem organizações, com poucas relações de casal que sobrevivessem, no final de um processo de redução à individualidade como um desgarramento sem fim, e não como uma grande "aventura de liberdade", como uma parte da literatura do exílio deixa entrever. Liberdade sim, mas como ausência de determinação, nudez sem identidade. Já não mais tão jovens, sem pátria nem documento, com referências ideológicas perdidas, à espera da anistia.[7]

---

[7] Ibidem, p. 90-3.

Momentos determinantes desse meio século foram, além da vitória da Revolução Cubana (1959), da morte de Che (1967), do golpe no Chile (1973), da vitória sandinista (1979) e de sua derrota (1990), os triunfos de Lula (2002) e de Evo Morales (2005), a vitória de Rafael Correa (2007) e a derrota do golpe militar contra Hugo Chávez (2002). Mas foram também o fim da União Soviética e a passagem de Cuba para o seu "período especial", que coincidiu com o processo contra dirigentes cubanos.

Para a minha geração, a vitória da Revolução Cubana atingiu toda a sua força em 1961, quando os Estados Unidos tentaram invadir Cuba e Fidel definiu o caráter socialista da revolução, e em 1962, quando houve a "crise dos mísseis". Para nós, a crise política de 1961 – com a renúncia de Jânio, a tentativa de golpe militar e a resistência comandada por Leonel Brizola – foi o primeiro grande acontecimento político brasileiro; o segundo foi o golpe militar de 1964, que, por suas consequências, nos marcou dura e profundamente.

Começa depois o calendário ocupado pela luta armada, pela repressão, pelo exílio. O sequestro do embaixador dos EUA, a morte de Marighella, as greves do ABC e a anistia foram pontos de inflexão decisivos. No geral, pode-se dizer que o sentimento de avanços irreversíveis, e depois de derrota, acompanhou a minha geração, embora de formas distintas e dando origem às mais diferentes trajetórias pessoais.

Parte dessa geração incorporou o golpe de 1964 como ele efetivamente foi, ou seja, uma grande derrota política da esquerda. Essa derrota começou quando o projeto de reformas de João Goulart foi derrubado e prosseguiu com o golpe militar, o fracasso da resistência clandestina, a consolidação do novo ciclo de expansão econômica e a hegemonia da oposição liberal. Embora os setores mais críticos ao governo de Goulart acreditassem que se tratava de uma derrota do reformismo e de seu projeto histórico, tratou-se na verdade de uma derrota do conjunto da esquerda, em que a reversão da correlação de forças recaiu duramente sobre todos os setores da esquerda, indistintamente.

Para outra parte da minha geração, no entanto, o golpe de 1964 e tudo que lhe sucedeu parecem ter adquirido, por assim dizer, uma dimensão de verdadeira derrota existencial, derrota do projeto de vida, dos sonhos e das utopias da juventude. Mediada e potenciada pela prisão, pela tortura, pelas mortes, pelas perdas e pelo exílio, a derrota política transformou-se em derrota da vida, produzindo ou exacerbando afastamentos, desistências, renúncias e abandonos. Ademais, a crítica das várias experiências de esquerda – primeiro, do socialismo soviético; depois, do marxismo; e, por fim, dos governos de esquerda (de Mitterrand a Felipe González, dos sandinistas a Lula) – agravou essa derrota existencial e levou à desistência de qualquer projeto político de transformação social. É possível que essa experiência tenha sido similar àquela da geração que viveu a consolidação do stalinismo na União Soviética, a ascensão do fascismo e do nazismo na Europa e a derrota na Guerra Civil Espanhola.

Mais tarde, uma enorme combinação de eventos, que inclui o colapso do campo socialista, o triunfo da hegemonia imperial dos EUA e os recuos estratégicos da esquerda em geral (socialismos, Estados, sindicatos, partidos da esquerda), gerou uma situação nova de adversidade e um indisfarçável sentimento de derrota, desilusão e impotência.

Mal o socialismo havia deixado o cenário histórico, o Fórum Social Mundial proclamou sua esperança de que "um outro mundo é possível", como se a luta política tivesse sido reduzida à mera afirmação de que a história não acabou, o horizonte não se fechou e ainda existem alternativas!

Olhando *a posteriori*, cinquenta anos depois, como me aparece tudo aquilo? É claro que a visão retrospectiva dá uma cor diferente ao que aconteceu, ainda mais àquilo que se acabou, como a União Soviética, o campo socialista, a China revolucionária, o Vietnã resistente, o sandinismo rebelde. Fica a forte sensação de que nunca uma mesma geração viveu mudanças tão profundas, em várias e múltiplas direções, num espaço de tempo relativamente tão curto.

Não estou afirmando com isso que grandes acontecimentos não tenham ocorrido nas décadas anteriores, entre eles, as duas guerras mundiais, a Revolução Russa, a ascensão do fascismo e do nazismo, a Guerra Civil Espanhola, as bombas atômicas, o surgimento do campo socialista, a Revolução Chinesa, a Guerra da Coreia e a Revolução Boliviana. Tampouco estou negando que outras gerações não tenham vivido períodos de ofensiva revolucionária, desde a Revolução de 1917 até as tentativas revolucionárias frustradas na Alemanha, na Itália e na Hungria. Todavia, esses períodos foram curtos e interrompidos por rápidas e fulminantes reações contra-revolucionárias.

Enfim, existe mesmo algo que diferencie esse meio século que tivemos o privilégio de viver e de protagonizar?

Saio do túnel desses cinquenta anos respirando ar fresco e encontro a América Latina vivendo enormes e profundas transformações. Não seria uma experiência semelhante àquela de milhões de homens e mulheres ao fim da Segunda Guerra Mundial, diante da derrota imposta pelo Exército soviético à Alemanha nazista, ou da formação do campo socialista, ou da vitória da Revolução Chinesa? De todo modo, hoje, tal como naquele período, o fortalecimento do campo anticapitalista é concomitante ao fortalecimento do campo imperialista. A diferença está na proporção de forças de cada campo, substancialmente distinto daquele.

A maior mudança mental e cultural foi o rompimento com certa concepção evolucionista da história. Mesmo os que não aceitavam concepções deterministas e economicistas – que davam por certo e garantido que a história caminha, inexoravelmente, de um modo de produção para outro, cada um superior ao anterior, desde o comunismo primitivo, passando pelo escravismo, pelo feudalismo e pelo capitalismo, até chegar ao socialismo – não concebiam a possibilidade do desaparecimento da União Soviética e do campo socialista, e de seu retorno ao mundo capitalista.

De certo modo, a tese de que "a roda da história não gira para trás" era adotada por todos aqueles que assumiram o marxismo ou alguma de suas variações. A tese de que a "etapa superior do capitalismo", representada pelo imperialismo, era sua fase derradeira e condenava-o ao desaparecimento em prazo histórico relativamente próximo, marcava a todos nós. Como recorda Giovanni Arrighi, a grande discussão na década de 1970 – portanto, há cerca de trinta anos – não era saber se o capitalismo estava ou não condenado ao desaparecimento, mas sim como e quando isso aconteceria.

Essa perda de sintonia com a história foi o maior choque ideológico e psicológico sofrido pela esquerda. Diante do desamparo da história, foram muitos os refúgios encontrados: retorno ao Marx original, puro; troca do socialismo pela democracia como objetivo político; abandono de qualquer aspiração a transformar o mundo coletivo; e recuo para a esfera privada, quase sempre sob o álibi do fracasso dos sonhos do socialismo. De fato, é um golpe muito duro! É como se a esquerda fosse transportada do futuro para o passado, da antecipação do porvir para o testemunho de um pretérito. É como se o capitalismo – em sua versão estadunidense – nos arrebatasse o futuro e nos jogasse sobre o mundo da tecnologia, do consumo, da publicidade, condenando-nos à prisão do passado – "passado de uma ilusão", segundo a versão renascida de um novo "anticomunismo".

Para os comunistas foi bem pior. Nasceram identificados com a União Soviética, com a "pátria do socialismo", aferrados à ideia de que "um terço da humanidade já vive sob o socialismo", de que "a roda da história não gira para trás". A perda dessas referências, mais que uma crise política e ideológica, deflagrou uma crise de identidade, do sentido da própria vida. Ser comunista era estar identificado com um mundo que, de repente e inacreditavelmente, desapareceu. Um mundo de contiguidades – Marx, União Soviética, campo socialista, partidos comunistas, movimento comunista internacional – é varrido pelos novos e surpreendentes ventos da história.

Não por acaso, uma das reações de alguns comunistas foi renegar tudo: sua vida inteira teria sido um grande equívoco e seria preciso rejeitar tudo que se viveu e em que se acreditou! Inúmeros membros do atual Partido Democrático Italiano, que antes pertenceram ao Partido Comunista Italiano, alegaram que, de fato, nunca foram comunistas, que aderiram ao partido de Enrico Berlinguer sem qualquer outra conotação, e afirmaram que seu modelo era o Partido Democrata dos Estados Unidos!

Para a grande maioria dos comunistas, que tinha a União Soviética como referência, fazer o balanço político do fim de seu mundo tornou-se um fardo difícil e pesado. Ainda mais porque o desaparecimento da União Soviética foi vivido de modo brutal, como mera renúncia, como pura falta de resistência, e sem que fosse realizada uma reciclagem que permitisse viver naquela sociedade que estava substituindo o socialismo. Nessas condições, era quase impossível acertar contas com o passado, permanecer de esquerda, anticapitalista, despojado das referências que cercaram seu próprio nascimento e determinaram sua adesão à política e à militância. A experiência de regressão foi profunda e dolorosa, e o resgate da opção de esquerda, como alternativa à amargura e ao pessimismo, tornou-se um trabalho de Sísifo, que não poderia ser realizado senão graças à força de suas convicções e de seu caráter.

Mesmo os que faziam críticas profundas à União Soviética, e até se sentiram aliviados porque já não teriam de arcar com o peso de um modelo fracassado, foram obrigados a aceitar que, ao contrário do que pregavam e esperavam os setores mais radicais da esquerda, o modelo soviético não foi substituído pelo socialismo democrático, mas pelo capitalismo selvagem. Até os socialdemocratas, que acreditavam no triunfo de seu modelo, se decepcionaram!

Em suma, o conjunto da esquerda sofreu o impacto da maior transformação na relação de forças vivida no século XX, desde que a Revolução Bolchevique impôs ao mundo o socialismo como projeto político contemporâneo. A União Soviética foi, portanto, o palco em que ocorreram os dois momentos de mais forte ruptura da correlação de forças; a diferença é que a nova virada foi de caráter regressivo e de dimensões ainda mais amplas.

A pergunta que muitos de nós fazem é: como retomar a militância de modo a reatar o fio da história? Até a dissolução do mundo comunista, sabíamos que não estávamos condenados ao capitalismo, que, desde 1917, uma parcela da humanidade havia escolhido o socialismo. Agora, porém, parte dela escolheu retornar ao capitalismo ou prosseguir suas vidas conforme as leis de mercado do capital. Será que as análises críticas que fazíamos ao socialismo soviético eram suficientes para dar conta não apenas da derrocada da União Soviética, mas do retorno ao capitalismo e da dissolução dos direitos conquistados sob o socialismo? Em que direção a história caminhava? O que foi o período histórico iniciado em 1917 e encerrado com a retirada da bandeira vermelha do Kremlin, naquele 31 de dezembro de 1991? Um parêntese? Um mal-entendido? Um prenúncio? Um equívoco?

Tudo isso se dá exatamente no momento em que o capitalismo se revela mais injusto do que nunca. Quanto mais liberal, mais cruel ele se torna, expropriando direitos elementares como o direito ao trabalho formal. Hoje, o capital subordina e mercantiliza tudo, da educação à água, passando pela saúde. Justamente quando concentra mais renda e propriedade, quando subordina a produção à especulação, quando marginaliza e discrimina a maior parte da população do globo, quando promove guerras e destruição ecológica, o capitalismo assume sua face mais triunfante, pois encontra menos resistência e reina quase soberano após o desaparecimento do socialismo da agenda histórica contemporânea.

No entanto, é o próprio capitalismo que se encarrega de trazer à pauta os temas da luta anticapitalista – socialista, portanto. É como se dissesse que, enquanto houver capitalismo, o socialismo permanecerá no horizonte histórico como alternativa, potencial ou real, porque é, em última instância, o anticapitalismo, sua negação e sua superação dialética.

Será que, diante disso tudo, ainda podemos esperar a toupeira? Será que ela tem algo a nos dizer?

Este livro quer dar voz à toupeira. No começo deste século XXI, só ela pode retraçar o fio da história a partir das formas concretas assumidas pela luta anticapitalista contemporânea. A revolução nunca se repete da mesma maneira e tem sempre a cara do herege. Perseguir os itinerários da toupeira, retomar o papel de "descobridor de sinais", como fazia Marx, é reencontrar os fios que articulam, contraditoriamente, o real e o nosso futuro.

Dois séculos depois das guerras de independência, um século depois da Revolução Mexicana, meio século depois da Revolução Cubana, a nova toupeira irrompe de novo espetacularmente no continente de José Martí, de Bolívar, de Sandino, de Farabundo Martí, de Mariátegui, de Fidel, de Che, de Allende, assumindo novas fisionomias para dar continuidade às lutas seculares pela emancipação dos povos latino-americanos e caribenhos.

Captar seus itinerários, as novas formas que assume, suas novas dinâmicas, é condição essencial para sermos contemporâneos do nosso presente. Se a história avança mascarada, o papel da teoria é decifrar as novas expressões das contradições que articulam os sistemas de exploração, de dominação e de alienação, para apontar as formas de acumulação de forças e de construção da força econômica, social, política e ideológica que permita atualizar os processos de transformação revolucionária da nossa realidade.

A NOVA TOUPEIRA

Novamente um começo de século surpreendente na América Latina. O início do século XIX foi marcado pelo impressionante ciclo de revoluções de independência – de 1810 a 1822 –, do qual estiveram ausentes somente Brasil, Cuba e Porto Rico. Estes dois últimos países teriam significativamente os destinos mais contrapostos no continente: o primeiro, socialista; o segundo, quase uma estrela na bandeira dos Estados Unidos. As guerras de independência projetaram uma grande geração de líderes populares – de Bolívar a Sucre, de San Martín a O'Higgins, de Hidalgo a Sucre, de Toussaint Louverture a Francia – que dirigiu o processo de expulsão dos colonizadores, de fundação dos Estados nacionais e de extinção da escravidão.

Apesar da importância dessas transformações para o continente e para cada um de nossos países, a América Latina não chegou a ganhar um lugar de destaque na história mundial. Continuávamos a responder por funções essenciais para o desenvolvimento do capitalismo europeu, como fornecedores de matérias-primas e de produtos agrícolas, como mercados de consumo e de mão-de-obra barata, sem, contudo, desempenharmos um papel politicamente de relevo em escala internacional.

O século seguinte irrompeu de modo explosivo com a rebelião e o massacre dos mineiros na Escola de Santa María de Iquique, no norte do Chile (1907), a Revolução Mexicana (1910) e o movimento pela reforma universitária de Córdoba (1918), introduzindo na nossa agenda política as questões trabalhista, agrária e educacional. Uma nova geração de líderes populares surgia na história do continente: Zapata, Pancho Villa, Luis Emilio Recabarren, Sandino, Farabundo Martí, Julio Antonio Mella, José Carlos

Mariátegui e Luís Carlos Prestes, entre outros. Anunciava-se um século de revoluções e de contra-revoluções para a América Latina.

Esse cenário perdurou até o transcurso do século XX, quando tal explosividade se traduziu em grandes experiências políticas. O continente deixou de ser um conjunto de países primário-exportadores, dirigidos por oligarquias políticas tradicionais. Vários Estados nacionais se consolidaram, com a implantação de modelos voltados para o mercado interno e um processo de crescente consciência social e nacionalista. Foi um século marcado por governos nacionalistas, por golpes militares, projetos socialistas – pela primeira vez na história do continente – e governos neoliberais.

O continente onde o neoliberalismo nasceu – no Chile e na Bolívia – ainda mais se estendeu e encontrou um território privilegiado, tornou-se, em pouco tempo, o espaço de maior resistência e construção de alternativas a esse mesmo neoliberalismo. São duas faces da mesma moeda: justamente por ter sido laboratório das experiências neoliberais, a América Latina viveu a ressaca dessas experiências, tornando-se o elo mais fraco da cadeia neoliberal.

As décadas de 1990 e 2000 foram radicalmente contrapostas. Na primeira, em quase todos os países do continente – à exceção de Cuba –, o modelo neoliberal impôs-se em distintos níveis, como se confirmasse o Consenso de Washington e o "pensamento único". Ditaduras militares em alguns dos países de maior peso político, como os do Cone Sul, prepararam o caminho para a imposição da hegemonia neoliberal, de norte a sul do continente.

Em seu primeiro governo (1992-1996), Bill Clinton sequer cruzou o rio Grande para assinar o Tratado de Livre-Comércio da América do Norte (Nafta, na sigla em inglês), do qual participa o México. Tampouco se deslocou para conceder o empréstimo gigante que cobriria a primeira crise do neoliberalismo, em 1994, no México, no mesmo momento em que o levante de Chiapas prenunciava o fôlego curto do novo modelo. Nenhum outro país do continente foi visitado por Clinton: a região se comportava conforme os desígnios de Washington, do Banco Mundial, do Fundo Monetário Internacional (FMI) e da Organização Mundial do Comércio (OMC). Para tratar de consolidar essa ampla hegemonia, os EUA propuseram a extensão do tratado de livre-comércio para todo o continente – a Alca –, o que deveria ser a consequência natural da imposição dessas políticas.

Em um discurso pronunciado em novembro de 2007, na Assembleia Legislativa do Rio de Janeiro, o presidente venezuelano, Hugo Chávez, relatou como foi sua participação na reunião da Cúpula das Américas, no

Canadá, em 2000, quando os EUA apresentaram a proposta da Alca diante de dezenas de mandatários do continente. Depois de muitos discursos, o presidente norte-americano submeteu a proposta à votação, pedindo, para facilitar, que quem fosse contra levantasse o braço. Hugo Chávez ergueu o braço, sozinho, olhou a seu redor e viu todos os outros – entre eles, Fernando Henrique Cardoso, Alberto Fujimori, Carlos Menem e Carlos Andrés Pérez. Depois, em sua primeira Cúpula Ibero-Americana, Chávez recebeu um bilhetinho de Fidel, em que este lhe dizia: "Finalmente já não sou o único diabo aqui".

Foi assim, com alívio, que Chávez, eleito em 1998, compareceu à posse de Lula em Brasília, em 2003, e à de Néstor Kirchner em Buenos Aires, no mesmo ano, depois à de Tabaré Vázquez em Montevidéu, em 2004, à de Evo Morales em La Paz, em 2006, à de Daniel Ortega em Manágua, em 2007, à de Rafael Correa em Quito, em 2007, e à de Fernando Lugo em Assunção, em 2008. Nesse intervalo, a proposta norte-americana de um tratado de livre-comércio para as Américas, aprovada quase unanimemente em 2000, foi rejeitada e enterrada em 2005. Desde então, o próprio Chávez foi reeleito, assim como Lula, e Kirchner foi sucedido por sua mulher.

A que corresponde essa mudança tão radical, que o continente jamais viveu em prazo tão curto, em toda a sua história, e com tantos governos que podem ser caracterizados como progressistas (de esquerda ou de centro-esquerda, conforme critérios que desenvolveremos mais adiante)? Qual é a fisionomia da América Latina e do Caribe sob o impacto dessas transformações? Em que medida podemos dizer que o neoliberalismo permanece hegemônico ou que ingressou num período que poderíamos caracterizar como pós-neoliberal? Nesse caso, o que caracteriza os novos governos latino-americanos? Com que forças conta a luta antineoliberal e que principais obstáculos ela enfrenta? Que projeções podemos fazer sobre o futuro do continente nessa primeira metade do século XXI?

O continente americano é o de maior grau de desigualdade no mundo – e, portanto, de injustiça –, situação que só se acentuou com a década neoliberal, mas os duros golpes sofridos pelo campo popular, tanto com as ditaduras quanto com as políticas neoliberais, não faziam pressagiar uma mudança tão rápida e profunda. Buscaremos compreender as condições que permitiram uma virada tão radical e transformaram o paraíso neoliberal em oásis antineoliberal num mundo ainda dominado pelo modelo neoliberal, assim como o potencial e os limites dessa virada, num marco continental e mundial.

A toupeira latino-americana

O que acontece com o continente? Que esquerda é essa que se constitui como força hegemônica alternativa? Por que isso ocorre na América Latina? Que tipo se constrói ou se transforma no marco da luta antineoliberal?

Decidimos chamar este livro de *A nova toupeira*. A imagem de Marx remete a um animalzinho com problemas de visão, que circula embaixo da terra sem nos darmos conta de sua existência e que de repente irrompe onde menos se espera. A toupeira faz seu trabalho surdo, sem cessar, mesmo se a ordem reina na superfície e nada parece indicar turbulências próximas. Tal imagem remete às incessantes contradições intrínsecas do capitalismo, que não deixam de operar, mesmo quando a "paz social" – a das baionetas, a dos cemitérios ou a da alienação – parece prevalecer.

Marx já foi chamado de grande descobridor de sinais. Captar o movimento do real é decifrar o itinerário das contradições. Lenin soube captá-lo ao identificar o "elo mais fraco da cadeia imperialista" na Rússia, no começo do século XX. Ali, as contradições do sistema imperialista estavam condensadas. Lenin percebeu as condições de ruptura das estruturas de poder na Rússia atrasada, sem abandonar a ideia central de Marx de que o socialismo seria construído como a superação – e a negação – das contradições geradas pelo desenvolvimento desigual e combinado pela articulação das condições explosivas da periferia com o amadurecimento das condições objetivas e subjetivas no centro do capitalismo. O que Lenin expressou ao afirmar que era mais fácil tomar o poder na periferia, mas muito mais difícil construir o socialismo. Daí a perspectiva de que a Alemanha avançada resgataria a Rússia atrasada.

Porque depois de 1917 o elo mais fraco da cadeia se deslocou para a Alemanha, derrotada na guerra e cuja reconstrução foi bloqueada pelos leoninos acordos de guerra que impediram seu desenvolvimento. O fracasso da Revolução Alemã (1918-1923) condicionou fortemente não apenas o processo de construção do socialismo na União Soviética como também o itinerário completo do socialismo em todas as suas primeiras expressões, ao longo de todo o século XX. A URSS ficou isolada e a velha toupeira – que havia irrompido bruscamente na Rússia – deslocou-se cada vez mais para longe do centro do capitalismo. Ao invés de explodir na Europa ocidental desenvolvida, encontrou solo fértil na Ásia atrasada, na China, depois no Vietnã, para posteriormente chegar a um país primário-exportador de outro continente periférico: Cuba, na América Latina. Sempre onde era menos difícil romper a cadeia de dominação imperial – até pelo efeito surpresa –, porém no lugar onde era mais difícil construir o socialismo – pelo atraso no desenvolvimento das forças produtivas.

Os itinerários da toupeira tornaram-se cada vez menos previsíveis, fazendo com que as revoluções assumissem formas e brotassem em cenários cada vez mais inesperados. Sartre escreveu, a propósito da explosão de Maio de 1968 em Paris, do "medo da revolução" dos comunistas, cujos olhos estavam voltados sempre para novos ataques ao Palácio de Inverno, como sintomas da explosão de um processo revolucionário. Sartre simplesmente retomava a expressão de Gramsci, que havia falado da Revolução Russa como "uma revolução contra o *capital*", não para desqualificá-la ou para tirar-lhe o caráter anticapitalista, mas para destacar como os novos processos revolucionários sempre surgem de forma heterodoxa e parecem desmentir, em vez de confirmar, as linhas gerais previstas pelos teóricos do socialismo – apenas para reescrever, de outra maneira, essas mesmas linhas.

A expressão "velha toupeira" foi consagrada por Marx em *O 18 Brumário de Luís Bonaparte*, depois de descrever como o enfrentamento de classes na França parecia desembocar numa espécie de empate na derrota, em que todas as classes se prostravam diante da "culatra do fuzil". No entanto, retoma ele:

> Mas a revolução é radical. Ainda está passando pelo purgatório. Executa metodicamente a sua tarefa [...]. E quando tiver concluído essa segunda metade de seu trabalho preliminar, a Europa se levantará de um salto e exclamará exultante: Belo trabalho, minha velha toupeira![8]

Antes dele, Shakespeare já havia citado o animalzinho em *Hamlet*: "Bem dito, velha toupeira. Você trabalha tão depressa no interior da terra! É uma notável sabotadora"[9].

Hegel também se referiu à toupeira, com o mesmo sentido, para falar das astúcias e surpresas da história: "É necessário que as grandes revoluções, evidentemente necessárias, sejam antes precedidas por uma revolução silenciosa e secreta das ideias da época, uma revolução que não é visível para todos"[10].

---

8 Karl Marx, "O 18 Brumário de Luís Bonaparte", em *Obras escolhidas* (São Paulo, Alfa-Omega, 1980), v. 1, p. 275.

9 William Shakespeare, *Hamlet* (São Paulo, L&PM, 1997).

10 Friedrich Hegel, *Escritos teológicos de la juventud* (Tübingen, Nohl, 1905).

Daniel Bensaïd dá ao seu livro *Resistencias* o subtítulo *Ensayo de topologia general*[11] e recorda que se trata de um bichinho míope e hemofílico, duplamente enfermo e frágil, mas dotado de grande paciência e obstinação. Uma obstinação na busca da claridade e da lua.

Circula assim a toupeira entre a terra e o céu, entre a sombra e a luz, entre as profundezas e a superfície. Míope, teria dificuldades para se adaptar à luz, depois de tanto tempo nas trevas, ou para se defender do alumbramento? Quando se retira para as profundezas da terra, não é para invernar, mas para perfurar mais, mais fundo. Não retorna ao lugar de partida, mas refaz o caminho de outra maneira, sempre. Quando não se deixa ver, não é porque desapareceu, ela simplesmente se torna invisível. Mas a toupeira sempre está cavando.

Os ciclos latino-americanos da toupeira

A história da América Latina se caracteriza por surpresas, para quem não consegue captar o movimento real e particular de sua história. As guerras de independência costumam ser vistas como um desdobramento da Revolução de Independência nos Estados Unidos. Porém, com esse enfoque, não se capta o seu caráter popular, de unificação das forças de independência, sua ideologia anticolonial – com as contribuições de Bolívar, Martí, Artigas, Toussaint Louverture, entre tantos outros –, cujos elementos comuns são o fim da escravidão, a instalação de Repúblicas e o início da construção de Estados nacionais.

Rebeliões populares, como as dirigidas por Túpac Amaru e Túpac Catari no Peru, a Revolução Haitiana, liderada por Toussaint Louverture, movimentos guerrilheiros, como os de Manuel Rodríguez e os dos irmãos Carera no Chile, entre outros movimentos populares protagonizados pelos povos originários e pelos negros, já haviam revelado o poderoso caudal de massas que impregnava a história do continente. Enquanto nos Estados Unidos a escravidão sobrevivia e convivia com a independência – quando invadiram e anexaram territórios do México, os EUA reintroduziram-na no Texas –, a superação do período colonial na América Latina representava automaticamente o fim dela. O Brasil, que passou de colônia a monarquia

---

[11] Daniel Bensaïd, *Resistencias: ensayo de topologia general* (Barcelona, El Viejo Topo, 2006).

e não a república, e Cuba, que não conseguiu sua independência no começo do século XIX, foram exceções.

Esse poderoso movimento nacional já apontava, nos seus setores mais conscientes, para o horizonte do enfrentamento com os Estados Unidos. Simón Bolívar e José Martí foram as expressões mais agudas dessa consciência entre os líderes independentistas. Bolívar já havia criticado essa sobrevivência na revolução estadunidense, ao afirmar em 1820: "Parece-me uma loucura que numa revolução de liberdade se pretenda manter a escravidão"[12]. Com uma capacidade precoce de apreensão do que se gestava, escreveu ainda: "Os Estados Unidos parecem estar destinados pela providência a inundar nossa América de misérias"[13].

Em 1895, poucas décadas depois, Martí, assentado em sua própria experiência política e de vida nos Estados Unidos, sentenciava:

> Já estou todos os dias a um passo de dar minha vida por meu país e por meu dever [...] de impedir a tempo com a independência de Cuba que se estendam pelas Antilhas os Estados Unidos e caiam, com essa força a mais, sobre nossas terras da América. Tudo o que fiz até hoje, e farei, é para isso [...]: impedir que em Cuba se abra, pela anexação dos imperialistas de lá e dos espanhóis, o caminho que haverá de ceifar, e com nosso sangue estamos ceifando, a anexação dos povos da nossa América ao norte, revolta e brutal que os despreza. Vivi no monstro, conheço suas entranhas: e minha funda é a de Davi.[14]

A consciência precoce da era de dominação imperialista que se iniciava, de Bolívar e Martí, prenunciava como o país que não tinha conseguido se tornar independente da Espanha no começo do século XIX teria de enfrentar o imperialismo emergente, no fim daquele século, para obter sua independência. O condensamento da questão nacional com a social favoreceu que Cuba – uma ilha situada a 140 quilômetros da maior potência imperial da história da humanidade – pudesse romper a cadeia imperial em um de seus elos mais inesperados.

País de economia primário-exportadora, centrada na produção de açúcar e dirigida praticamente na sua totalidade para o mercado dos Estados

---

[12] Manoel Lelo Belotto e Anna Maria Martinez Corrêa (orgs.), *Bolívar* (São Paulo, Ática, 1983), p. 20.

[13] Idem.

[14] Citado por Roberto Fernandes Retamar, "José Martí", em *A sagração da liberdade* (Rio de Janeiro, Revan, 1994), p. 64.

Unidos, a Revolução projetou Cuba a um protagonismo inédito ao longo de toda a segunda metade do século XX. Uma nova "revolução contra o capital", uma nova e brusca irrupção da velha toupeira, confirmando que toda revolução só é possível se viola as leis estratégicas estabelecidas até então como obrigatórias – até que deixem de sê-la pela lógica concreta da realidade concreta.

A força do sentimento nacional em Cuba foi a principal responsável para que o país se somasse à onda de rupturas que se alastrou pelo continente no começo do século XIX, com o enfraquecimento da dominação espanhola, em razão das invasões napoleônicas, e pela influência da Revolução de Independência nos EUA. Contudo, esse sentimento não conseguiu ser vitorioso, pois as elites temiam que, pela radicalidade do movimento, perdessem o controle sobre ele. Depois de uma primeira tentativa, na década de 1870, de desatar uma guerra de independência, Cuba reuniu forças suficientes para derrotar o colonialismo espanhol. Porém, esse processo foi abortado em 1895, em sua segunda tentativa, já sob a direção de Martí, pela intervenção da emergente força imperial estadunidense. Isso fez com que Cuba pagasse o preço por não ter se desvencilhado da dominação espanhola décadas antes e ter, então, de enfrentar os Estados Unidos já como poder imperialista. O que se instalou na ilha foi o que os historiadores cubanos chamaram de "proto-república" tutelada pelos EUA.

A impossibilidade de realização da questão nacional fez com que essa bandeira se enganchasse, através da revolução de 1959, às transformações anti-imperialistas, anticapitalistas e socialistas. Daí o caráter profundamente imbricado de nacionalismo e socialismo do movimento cubano, fruto do enorme peso que teve a dominação estadunidense na história de Cuba.

A vitória da Revolução Cubana foi a maior surpresa histórica que a América Latina já havia vivido. Na segunda metade da década de 1950, os movimentos nacionalistas clássicos estavam em pleno processo de esgotamento, com as quedas de Getúlio Vargas e de Juan Perón, assim como com a descaracterização das revoluções Boliviana e Mexicana – esta ocorrida antes, paralelamente ao retorno revigorado dos investimentos norte-americanos após o longo parêntese provocado pela crise 1929, pela Segunda Guerra Mundial e pela Guerra da Coreia. Os partidos de esquerda encontravam-se sem perspectivas nos distintos países do continente, seja porque estavam isolados pelo clima da Guerra Fria, como era o caso de Cuba, seja porque eram caudatários de movimentos nacionalistas que se esgotavam.

O assalto ao quartel Moncada, em 1953, e o posterior desembarque do iate Granma, em 1957, foram considerados "desvios aventureiros", eventos que se "afastavam" de um roteiro preestabelecido da história que teria não apenas *script*, mas diretores e atores predefinidos. Esqueceram-se da imprevisibilidade da toupeira, que pôde, assim, contar com o fator surpresa a seu favor.

Tão ou mais surpreendente foi a rápida dinâmica que assumiu a revolução vitoriosa, transitando em poucos anos da fase democrática à fase anti-imperialista e anticapitalista, acelerada pela dinâmica revolução –contra-revolução que afeta todo processo realmente revolucionário. Esse foi um enfrentamento desigual de que Cuba saiu vitoriosa. Até então, todos os governos do continente que haviam se chocado com os interesses dos Estados Unidos haviam sido derrotados, seja por golpes militares, seja por capitulações. Nenhum país havia enfrentado com sucesso os EUA, nem os relativamente mais poderosos, como México, Argentina e Brasil. Não se podia esperar que aquele pequeno país saísse vitorioso do confronto.

Operou o que Trotski chamou de "privilégio do atraso" e Lenin, de "o elo mais fraco da cadeia", ambas expressões da lei do desenvolvimento desigual e combinado. Como México, Brasil e Argentina eram os países que, na visão dos Estados Unidos, corriam mais risco de escapar de sua esfera de influência e desequilibrar a relação de forças no continente, Washington concentrava neles o essencial de sua estratégia de contenção do que julgava ser a ação comunista no continente. Os mecanismos tradicionais da Guerra Fria, que haviam levado ao isolamento do partido comunista cubano, o Partido Socialista Popular, consideravam a situação controlada. Nenhum movimento antiditatorial no continente, mesmo os contrários aos aliados dos Estados Unidos, havia escapado de seu controle.

A ausência de surpresa influenciou para que não pudessem ocorrer outras vitórias na América Latina durante as duas décadas seguintes, mesmo com a proliferação de movimentos guerrilheiros, do México ao Uruguai, da Guatemala à Argentina e ao Brasil. Toda forma de dissidência passou a ser enquadrada no esquema da Guerra Fria e na Doutrina de Segurança Nacional como "subversiva", "infiltrada", e deveria ser extirpada como um vírus externo que teria penetrado no corpo social nacional.

Essa ação foi complementada pela chamada Aliança para o Progresso, proposta pelos Estados Unidos com o objetivo de incentivar reformas no campo e promover a pequena e média propriedade, de modo que as contradições e as mobilizações camponesas pudessem ser amainadas. Uma ação similar à que os próprios norte-americanos, valendo-se da ocupação militar, já haviam imposto ao Japão e à Coreia do Sul para tentar impedir a proliferação de processos revolucionários de base agrária, como ocorrera na China.

O Chile foi, durante o governo democrata-cristão de Eduardo Frei, o país privilegiado pela Aliança para o Progresso para a implantação do que era chamado de "revolução em liberdade", numa tentativa de diferenciá-la do projeto revolucionário cubano. Mas a reforma agrária de Frei não conseguiu prosperar, seu governo fracassou e a toupeira pôde, então, emergir com o governo socialista de Salvador Allende.

Ao bloqueio do movimento guerrilheiro, a toupeira respondeu com projetos de governos institucionais – o de Velasco Alvarado no Peru, em 1969, e o de Allende, em 1970. Dois dos mais importantes bastiões do poder conservador no continente começavam a ser penetrados por ideias progressistas: as Forças Armadas no Peru, prenunciando o que aconteceria na Venezuela três décadas mais tarde; e a Igreja Católica, com o Concílio Vaticano II e a Teologia da Libertação, que se disseminou por grande parte dos países do continente.

No Chile, a questão do poder e da contradição entre democracia e capitalismo seria colocada de forma explícita. No país de mais longa tradição e continuidade institucional do continente, a aliança entre comunistas e socialistas (Unidade Popular) ganhou as eleições presidenciais de 1970, depois do fracasso dos governos do conservador Jorge Alessandri (1958-1964) e de Eduardo Frei (1964-1970) – houve antes quatro tentativas e a vitória veio com apenas 36,3% dos votos.

Até então, na América Latina, governos progressistas haviam triunfado, em particular os de caráter nacionalista, como os de Getúlio Vargas, em 1950, de Perón, em 1945 e em 1950, e de Cárdenas, em 1936. O próprio Chile havia eleito, em 1938, um dos três governos de Frente Popular no mundo – os outros dois foram na França e na Espanha –, presidido por Pedro Aguirre Cerda, no qual o jovem médico Salvador Allende ocupou o posto de ministro da Saúde. E apesar de um governo que se proclamava socialista ter durado apenas doze dias, no começo dos anos 1930*, no próprio Chile – Allende foi o primeiro a triunfar com um programa socialista, de transformações anticapitalistas.

---

* A experiência da República Socialista do Chile compreende o período entre 4 e 16 de junho de 1932. (N. E.)

Não por acaso essas experiências se deram no Chile, que foi uma espécie de "laboratório de experiências políticas" latino-americanas, como se referiu Engels à França, a propósito da Europa. As raízes dessas características chilenas estavam longe no tempo e remetiam à tradição institucional do sistema político e ao surgimento relativamente precoce do movimento operário no país.

Ao unificar-se ferreamente, já em 1830 – enquanto outros países se envolviam em grandes conflitos internos –, o Chile, sob a égide de Portales, passou a escolher todos os seus presidentes até o golpe militar de 1973, com exceção de 1891 e do período entre 1924 e 1931. O país organizou um Congresso antes dos países europeus, salvo a Inglaterra e a Noruega. Na metade do século XIX, a participação eleitoral no Chile era equivalente à existente na mesma época na Holanda, à que a Inglaterra havia alcançado apenas vinte anos antes e à que a Itália só teria vinte anos depois. O Chile implantou o voto secreto em 1874, antes da Bélgica, da Dinamarca, da Noruega e da França.

Ao mesmo tempo, o país contou com um movimento operário relativamente precoce em relação aos outros países da região. Se todos tinham economias primário-exportadoras, o Chile exportava minérios – estanho, depois cobre. Ao invés de um extenso campesinato, desenvolvia-se ali uma concentrada classe operária mineira. Surgiu assim, já no fim do século XIX, um proletariado mineiro e, a partir dele, um vigoroso movimento operário – nascido antes da burguesia industrial.

Em 1920, o comunista Luis Emilio Recabarren, fundador dos partidos comunistas chileno e argentino, apresentou-se como candidato à presidência. Em 1938, houve um governo de Frente Popular. A gestão de Eduardo Frei foi a experiência piloto da Aliança para o Progresso na América Latina, e a de Allende representou a única experiência de transição institucional ao socialismo no mundo. O golpe de 1973 levou ao poder o modelo mais significativo de ditadura militar daquele período histórico, quando começou a ser implantado o neoliberalismo na América Latina e no mundo.

A crise do petróleo, no mesmo ano dos golpes no Chile e no Uruguai, marcou o fim do ciclo longo expansivo do capitalismo no segundo pós-guerra, no bojo do qual os Estados Unidos consolidaram sua posição hegemônica no bloco ocidental e agora se valiam da transição a um novo modelo para reatualizar essa posição.

A nova aparição da toupeira – a vitória sandinista – ocorreu já no marco de um ciclo longo recessivo e da retomada da ofensiva internacional dos Estados Unidos, depois da derrota no Vietnã, do escândalo Watergate e da renúncia de Richard Nixon. O breve parêntese representado pelo governo Carter foi rapidamente concluído no marco das novas derrotas estadunidenses em 1979 – revolução no Irã, na Nicarágua e em Granada. O triunfo sandinista e as ofensivas guerrilheiras salvadorenha e guatemalteca já ocorreram nessa nova correlação de forças internacional, a segunda Guerra Fria, derivada da ofensiva internacional do governo Reagan.

Se de início os sandinistas puderam contar com o apoio e a simpatia de governos como os do México (Partido Revolucionário Institucional) e da Venezuela (Carlos Andrés Pérez, da Ação Democrática), assim como da socialdemocracia europeia, tal situação logo se reverteu, favorecendo o cerco dos Estados Unidos à Nicarágua e a militarização de Honduras para servir de retaguarda aos contras e a eles próprios, do mesmo modo como Laos e Camboja funcionaram na Indochina durante o cerco ao Vietnã.

Inicialmente, a socialdemocracia europeia tomou a Nicarágua como uma espécie de contraponto pluralista ao que seria o modelo fechado de Cuba. No entanto, a polarização internacional da segunda Guerra Fria, com o clima fortemente antissoviético imposto na Europa pelos norte-americanos, levou ao distanciamento e, finalmente, à oposição da socialdemocracia europeia ao governo sandinista.

Na década de 1980, predominava um clima não só antissoviético, como também anticubano, antivietnamita, antinicaraguense – situação que levou García Márquez a comentar que "eles são solidários nas nossas derrotas, mas não podem suportar as nossas vitórias". O regime de Pol Pot, no Camboja, foi usado como fantasma na tentativa de identificar a revolução ao totalitarismo. O clima estava sendo preparado para a nova hegemonia liberal também no plano político e ideológico.

A ofensiva norte-americana na Europa não deixou de repercutir no seio da própria esquerda, a partir das supostas ameaças do "perigo soviético". A socialdemocracia, escudada na reatualização da teoria do totalitarismo – que identificava nazismo a stalinismo –, reafirmou sua opção atlantista, de aliança subordinada com os Estados Unidos. A unidade da esquerda se enfraquecia e a Europa ocidental se distanciava da América Latina e de toda a periferia capitalista.

Um momento determinante nessa virada da socialdemocracia europeia foi a mudança de posição de François Mitterrand, logo no segundo ano de seu primeiro mandato, quando seu governo abandonou o tradicional programa keynesiano da esquerda francesa e aderiu – pela primeira vez num governo socialdemocrata – ao modelo neoliberal, reforçando a aliança com o bloco anglo-saxão e distanciando-se dos globalizados. Ao mesmo tempo, ocorria a ruptura interna da aliança com o Partido Comunista. A influência da socialdemocracia na Alemanha, na Holanda, na França, na Espanha e na Itália foi especialmente determinante para essa virada. No caso chileno, os resultados foram diretos: o Partido Socialista rompeu a aliança com os comunistas e firmou outra – que se mantém até hoje – com a Democracia Cristã, bloco que conservou a política econômica neoliberal de Pinochet.

Em 1989, no mesmo ano da queda do Muro de Berlim, três acontecimentos decisivos indicavam que começava a generalizar-se na América Latina a adoção do modelo neoliberal: as vitórias eleitorais de Carlos Menem na Argentina, de Fernando Collor de Mello no Brasil e de Carlos Andrés Pérez na Venezuela. As inesperadas viradas políticas e ideológicas no peronismo e na Ação Democrática representavam a adesão de correntes nacionalistas – somando-se à do PRI mexicano – e socialdemocratas ao novo modelo, constituindo um quadro de coesão continental neoliberal.

A Ação Democrática elegeu Carlos Andrés Pérez pela segunda vez, prometendo um programa de reativação econômica, mas adotando de imediato um pacote de duro ajuste fiscal de caráter neoliberal. Houve uma imensa reação popular, que ficou conhecida como "caracazo" e provocou a morte de centenas de pessoas.

Menem elegeu-se prometendo igualmente um "choque produtivo", mas logo nomeou como ministro da Economia Álvaro Alsogaray, um dos mais ferozes inimigos de Perón. Era o indício da adesão ao liberalismo econômico. Um dos traços mais marcantes da identidade argentina, o peronismo e sua ideologia nacionalista, juntava-se ao novo consenso latino-americano.

No Brasil, Collor de Mello derrotou Lula no segundo turno e deu início ao ciclo neoliberal, que continuou na adesão da socialdemocracia – Fernando Henrique Cardoso – ao modelo. Na Bolívia, o Movimento Nacionalista Revolucionário (MNR), que comandou a Revolução de 1952, com seu dirigente histórico, Victor Paz Estenssoro, passou a aplicar o neoliberalismo como resposta à hiperinflação. No México, o modelo já estava em pleno processo de implementação, com o governo de Carlos Salinas de Gortari, iniciado em 1986 seguido pelo de Ernesto Zedillo, ambos do PRI, partido de origem nacionalista.

Sucessivas derrotas políticas e ideológicas da esquerda, com reflexos no plano social, indicaram refluxos prolongados no continente. De fato, após a adesão de partidos do campo progressista ao neoliberalismo, o campo da resistência viu-se restrito quase tão-somente aos movimentos sociais. Nenhum caso, porém, foi tão dramático quanto o argentino.

O peronismo, que havia ocupado um amplo espaço no espectro político, inclusive em grande parte do movimento operário, foi quem colocou em prática o modelo neoliberal, num dos deslocamentos ideológicos mais impressionantes da região, porque levou as formas organizadas mais expressivas do movimento sindical a compartilhar essa trajetória. Com isso, o espaço de resistência ficou muito debilitado, permitindo que ocorresse o mais radical processo de privatizações que a América Latina conhecera. Ele veio sob o pano de fundo – refletido no cotidiano concreto das pessoas – do plano de estabilização monetária, depois de duas crises de hiperinflação, e trouxe em seu bojo a paridade com o dólar, elevando o poder aquisitivo da moeda argentina de maneira artificial e armando assim a bomba-relógio que explodiria na década seguinte, no fim do decênio de Menem.

A combinação desses fatores fez com que a Argentina fosse vítima de um dos processos mais brutais de dilapidação de um até então poderoso setor estatal da economia – incluindo-se aí a empresa Yacimientos Petrolíferos Fiscales (YPF), que havia propiciado autossuficiência em petróleo ao país. O governo privatizou-a com uma simples votação no Congresso.

Desarticulou-se assim um dos mais avançados sistemas econômicos e sociais de desenvolvimento e integração social, que aliava a expansão produtiva à extensão do mercado interno de consumo popular – ambos debilitados pelas políticas da ditadura militar. Um plano agora posto em prática por uma das forças mais tradicionais do nacionalismo latino-americano.

Sob diferentes fisionomias, o peronismo ocupou o centro da história argentina ao longo das últimas seis décadas, deslocando a esquerda tradicional. Ao derrotar os partidos socialista e comunista, debilitou e cortou as bases populares desses partidos, deixando alternativas difíceis para a esquerda não-peronista. Uma primeira possibilidade era sempre a aliança com a direita liberal, com a crítica à falta de democracia do peronismo. A segunda era entrar no peronismo – que chegou a ter uma tendência trotskista, a de Jorge Abelardo Ramos – e desaparecer em seu interior. E a terceira, permanecer à esquerda do peronismo, isolado socialmente, reafirmando princípios doutrinários.

O peronismo assumiu faces contraditórias ao longo do tempo, desde o seu nacionalismo original, passando pela Triple A (Aliança Anticomunista Argentina) de López Rega, durante o governo de Isabelita Perón, até o neoliberalismo de Menem e o governo dos Kirchners.

Como um dos resultados da confluência do papel do peronismo, da ditadura e das crises de hiperinflação – ocorridas durante o governo Menem –, a Argentina é um dos países do continente em que o campo da esquerda tem mais dificuldade para afirmar seu perfil e ocupar um espaço importante no campo político. A conturbada convivência entre uma esquerda kirchnerista e uma grande gama de pequenos grupos, de forte conotação doutrinária, sem grande expressão de massas e pouco peso no cenário político, não favorece a projeção dos movimentos sociais na construção de projetos hegemônicos alternativos.

Coube ao movimento piqueteiro e de recuperação de fábricas ser o maior protagonista da resistência ao neoliberalismo – um cenário que se repetiu em quase toda a América Latina. Movimentos sociais, velhos e novos, destacaram-se na resistência aos governos neoliberais e aos seus programas de privatizações, retração do Estado nos planos econômico e social, abertura acelerada da economia, dinamização do desenvolvimento centrado na exportação e no consumo de luxo, e precarização das relações de trabalho. Assim como os piqueteiros, os zapatistas no México, os sem-terra no Brasil, os movimentos indígenas na Bolívia e no Equador notabilizaram-se por essa resistência. As centrais sindicais, debilitadas pelo aumento exponencial do desemprego e da precarização estrutural das relações de trabalho, participaram desse confronto, mas perderam o lugar central que tiveram nas décadas anteriores no campo popular.

Na década de 1990, o campo político foi marcado sobretudo pela ofensiva das políticas neoliberais e a resistência dos movimentos sociais. O neoliberalismo conseguiu criar um consenso em torno de suas políticas, contando com forte propaganda internacional, mas jogando também com o fantasma da inflação, o ponto de apoio fundamental na América Latina para a criminalização do Estado e a introdução de duras políticas de ajuste fiscal. Os efeitos imediatos da estabilização monetária – e a ilusão de que essa medida, por si só, elevaria substancialmente a capacidade de consumo da população e promoveria a retomada do desenvolvimento econômico – permitiram a reeleição dos principais presidentes promotores do neoliberalismo: Menem, Fernando Henrique Cardoso e Fujimori – fenômenos que preencheram politicamente a década de 1990.

A polarização dos enfrentamentos encontrou um centro de resistência nos movimentos sociais, e sobretudo em sua coesão interna. Eles funcionavam como catalisadores do crescente descontentamento popular. A dificuldade vinha de sua incapacidade de constituir uma força política que propusesse modelos alternativos e um bloco político que pudesse triunfar eleitoralmente e pôr esses modelos em prática.

Os Fóruns Sociais Mundiais (FSMs) expressaram esse momento de resistência no plano internacional, consolidando uma visão que reduzia a exclusividade da luta aos movimentos sociais e às ONGS, opondo-se às forças políticas, e à própria esfera política, e privilegiando uma suposta sociedade civil. As mobilizações contra as reuniões da Organização Mundial do Comércio (OMC), iniciadas em Seattle, contra a guerra no Iraque e a própria realização dos FSMs foram os momentos marcantes dessa forma de luta de resistência ao neoliberalismo. Mas esse primeiro período se esgotou. E dois momentos foram determinantes para definir esse limite. O primeiro foi o da luta contra a guerra no Iraque. O FSM nunca incluiu o tema da luta contra as guerras e pela paz porque envolvia temas diretamente políticos e estratégicos, relações de poder, políticas imperiais. As atividades sobre essa pauta eram sempre paralelas, agregadas, fora da programação oficial, o que fez com que os FSMs desaparecessem da cena política mundial, na qual predominava justamente o tema das guerras, imposto pelos Estados Unidos. As mobilizações contra a guerra se esgotaram nesse momento, a questão da luta pela paz não foi sucedida por outras formas de luta. Nem sequer foi objeto de debate o sucesso da realização das maiores manifestações que jamais haviam ocorrido em escala mundial.

O outro limite essencial foi dado pela passagem da fase de resistência para a fase de construção de alternativas, cujo principal cenário foi a América Latina e os principais protagonistas, seus governos. As alternativas superadoras do neoliberalismo passam todas por políticas estatais, seja pela garantia e extensão de direitos, seja pela regulamentação do capital financeiro, seja pela construção de alianças alternativas à OMC – um espaço que o FSM se nega a encarar, ficando, assim, na fase de resistência, incapaz de enfocar as alternativas que na prática deram início à construção do outro mundo possível.

Os ciclos de luta

Em meio século, desde a vitória da Revolução Cubana (1959), o continente viveu vários ciclos de ascensão e descensão das lutas políticas, de triunfos e reveses, de prazos muito curtos se comparados aos da esquerda europeia, por exemplo, às correspondentes transformações radicais na correlação de forças entre as classes e os campos sociais, políticos e ideológicos, refletindo ao mesmo tempo a prolongada crise de hegemonia que cruzou a região a partir do esgotamento do modelo de substituição das importações – vigente desde a crise de 1929.

Podemos identificar ciclos distintos nas cinco décadas transcorridas desde o triunfo cubano:

a) de 1959 a 1967: vitória da Revolução Cubana; extensão das guerrilhas rurais à Venezuela, à Guatemala e ao Peru, somando-se às da Colômbia e da Nicarágua; mobilizações de massa em vários países, entre os quais o Brasil sob o governo de João Goulart (1961-1964) e, em seguida ao golpe militar de 1964, lutas de resistência à ditadura. Foi um período ascendente, movido pelo influxo direto da vitória cubana e interrompido pela morte de Che em 1967, na Bolívia.
b) de 1967 a 1973: refluxo dos movimentos guerrilheiros rurais; ascensão de novos movimentos guerrilheiros urbanos no Uruguai, na Argentina e no Brasil; triunfo eleitoral de Salvador Allende no Chile (1970-1973); início dos governos nacionalistas de Velasco Alvarado no Peru (1968), Omar Torrijos no Panamá (1968) e Juan José Torres na Bolívia (1971). Foi um período misto, de transição para um período de descenso, marcado pelos golpes e pelas ditaduras militares na Bolívia, no Chile, no Uruguai, na Argentina, que se somavam à vigente no Brasil.
c) de 1973 a 1979: consolidação das ditaduras militares no Cone Sul – à do Brasil (1964) seguiram-se as da Bolívia (1971), do Chile (1973), do Uruguai (1973) e da Argentina (1976); sucesso do modelo econômico da ditadura brasileira; queda de Velasco Alvarado no Peru (1975); início da implantação do modelo neoliberal a partir da ditadura de Pinochet, no Chile. Um período de claro refluxo.
d) de 1979 a 1990: vitória dos sandinistas na Nicarágua (1979); revolução em Granada (1979); governo progressista no Suriname; eleição de Fidel Castro à presidência do Movimento dos Países Não-Alinhados (1979); expansão das guerrilhas em El Salvador e na Guatemala. Período de recuperação e de claro avanço, apesar da sobrevivência das ditaduras no Cone Sul.
e) de 1990 a 1998: derrota sandinista (1990); começo do "período especial" em Cuba (1989); expansão da hegemonia neoliberal no continente,

com governos do PRI no México, de Paz Estenssoro na Bolívia (1985), de Carlos Menem na Argentina (1989), de Carlos Andrés Pérez na Venezuela (1989), de Alberto Fujimori no Peru (1990) e de Fernando Henrique Cardoso no Brasil (1994); manutenção do modelo neoliberal herdado de Pinochet pelos governos democrata-cristão e socialista no Chile (1990). Período de claro refluxo e regressão.

A sucessão de ciclos curtos de ascensão e descensão compõe, nesse meio século, uma tendência ascendente, que pode ser caracterizada como um ciclo longo de expansão das lutas populares. A sucessão de prazos curtos expressa a instabilidade do continente e a incapacidade de consolidação de alternativas, revelando uma profunda crise hegemônica e, ao mesmo tempo, uma enorme capacidade de recuperação da esquerda diante de reveses, alguns deles muito profundos – como a morte de Che, o golpe no Chile, a derrota sandinista, as ditaduras militares, os governos neoliberais. Como uma toupeira, o movimento popular buscava linhas de menor resistência, deslocando-se para outros territórios geográficos e espaços sociais quando se via bloqueado – do sul para o norte do continente, do campo para a cidade, da esquerda tradicional para novos setores sociais e novas formas organizativas, de partidos para movimentos sociais e destes para novas forças políticas e ideológicas. Derrotas da dimensão das sofridas pela esquerda do continente costumam levar, em outras regiões do mundo, a refluxos muito longos e prolongados – como os ocorridos, por exemplo, em consequência das derrotas da Alemanha e da Itália na Primeira Guerra Mundial (1914-1918) e da derrota da Guerra Civil Espanhola (1936).

A brevidade dos ciclos é surpreendente:

- da morte de Che e do esgotamento do primeiro ciclo guerrilheiro (1967) ao governo de Allende (1970) foram três anos;
- dos golpes militares no Chile, no Uruguai (1973) e na Argentina (1976), ao triunfo sandinista (1979) foram de três a seis anos;
- do fim do "campo socialista", da queda do governo de Granada, da mudança de orientação do governo do Suriname, do início do "período especial" em Cuba (1989) e do fim do regime sandinista (1990) à eleição de Hugo Chávez (1998) foram de oito a nove anos.

O modelo neoliberal estendeu-se pelo continente a partir de 1989 (México, Venezuela e Argentina), chegou ao Brasil e assinou-se o Tratado de Livre-Comércio da América do Norte (Nafta) em 1994, mesmo ano da primeira crise do neoliberalismo e da rebelião de Chiapas, mesclando a generalização do modelo com suas precoces mostras de esgotamento e de resistência popular.

Revela-se, na sucessão dos ciclos, um continente de revoluções e contra-revoluções. Como já demonstraram a rebelião dos trabalhadores mineiros de Iquique, no norte do Chile (1906), e principalmente a Revolução Mexicana (1910), iniciando novamente na virada do século – depois do intenso ciclo de revoluções de independência, na virada do século anterior – um ciclo de expansão das lutas.

No meio século analisado, os três ciclos ascendentes somam 29 anos – incluindo a vitória revolucionária em Cuba e na Nicarágua, e os governos de Salvador Allende, Hugo Chávez, Evo Morales e Rafael Correa –, enquanto os ciclos de refluxo totalizam 14 anos – incluindo a morte de Che, o golpe no Chile e a derrota sandinista.

Os ciclos neoliberais

Por que a América Latina se tornou o laboratório de experiências neoliberais e, em um prazo relativamente curto, o elo mais fraco da cadeia neoliberal em escala mundial?

O continente viveu cinco décadas de contínuo desenvolvimento econômico que compuseram um ciclo longo expansivo, desde os anos 1930, quando foram postas em prática distintas formas de reação à crise de 1929, até o esgotamento do modelo primário-exportador e da hegemonia liberal. Desenvolveram-se projetos econômicos de industrialização substitutiva de importações em alguns países – de forma mais concentrada no México, na Argentina e no Brasil, mas também, ainda que menos marcada, na Colômbia, no Peru e no Chile. Esses processos vieram acompanhados de projetos político-ideológicos de caráter nacional, que fortaleciam a classe trabalhadora, os sindicatos e as forças partidárias de caráter nacional, assim como de ideologias e identidades nacionalistas. Ao mesmo tempo, constituíram-se novos blocos sociais no poder.

Esse potencial acumulado desembocou, na década de 1960, em força radical, quando o ciclo longo expansivo se esgotou e se chocou com os direitos conquistados, e as ditaduras militares substituíram as democracias liberais existentes; enquanto isso, o triunfo cubano apontava para alternativas que superavam os limites do capitalismo e da dominação imperial norte-americana. A combinação explosiva e contraditória desses elementos levou aos golpes militares do Cone Sul assim como à vitória da Revolução Cubana e aos movimentos guerrilheiros que a seguiram.

Dois processos combinados produziram a mais radical e concentrada transformação regressiva das correlações de força entre as classes: as ditaduras militares e a implantação dos modelos neoliberais, ambos estreitamente vinculados entre si. Sem quebrar a capacidade de defesa dos interesses do movimento popular, de forma repressiva, seria impensável a promoção dos profundos e concentrados processos de privatização – com a transferência brutal de renda e de patrimônio público correspondente – como no Chile, no Uruguai e na Argentina, para citar exemplos mais radicais.

Esses três países tinham alguns dos mais avançados sistemas de proteção social, Estados com capacidade reguladora, processos de expansão do mercado interno, de fomento ao desenvolvimento econômico, de garantias dos direitos sociais da população e de prestação de serviços. A mais brutal repressão que conheceram em suas histórias abriu campo para os modelos neoliberais, os quais produziram modalidades de Estados mínimos, privatizando – praticamente todo o patrimônio público, no caso argentino – e abolindo direitos sociais conquistados ao longo de muitas décadas de luta. Três dos mais avançados Estados do continente foram desarticulados.

Na década de 1990, o neoliberalismo havia se estendido no continente como em nenhuma outra região do mundo. Nascido na extrema direita do Chile de Pinochet, teve outros adeptos de direita, como Alberto Fujimori no Peru, mas também conquistou forças historicamente identificadas com o nacionalismo, como o PRI mexicano, o peronismo argentino – através dos governos de Carlos Menem – e o MNR na Bolívia. A partir daí alcançou a socialdemocracia, com o Partido Socialista do Chile, a Ação Democrática da Venezuela e o Partido da Social Democracia Brasileira. Ocupou praticamente todo o espectro político do continente, da direita à esquerda, tornando-se um modelo hegemônico no conjunto da América Latina.

No entanto, o modelo neoliberal, por suas próprias características intrínsecas, não conseguiu criar as bases sociais de sua reprodução e legitimação. A desregulação, tendo como mola propulsora o destravar de todos os obstáculos à livre circulação do capital, levou – como hoje se sabe claramente – à canalização de vultosos recursos não para o setor produtivo, mas para o financeiro, no qual o capital obtém lucros mais elevados, com muito maior liquidez e quase sempre sem pagar impostos. Unido à abertura acelerada das economias, produziu não apenas um intenso processo de concentração de renda, de exclusão de direitos formais dos trabalhadores e de desemprego, como também de desindustrialização das economias do continente.

Assim, passado o efeito positivo imediato da estabilização monetária, os governos neoliberais não conseguiram consolidar no poder um bloco de classes que lhes desse sustentabilidade. Fraturaram radicalmente as camadas médias, cooptando um setor superior para os processos de modernização da economia, mas empurraram para o empobrecimento o contingente majoritário delas e, ao mesmo tempo, neutralizaram relativamente as reações de massa, com a fragmentação, a informalização e o desemprego no mundo do trabalho. O modelo passou assim, precocemente, da euforia à depressão, ao isolamento dos governos que o mantiveram.

As três maiores economias do continente – a mexicana, a brasileira e a argentina – foram justamente as que sofreram as três grandes crises do modelo, em 1994, 1999 e 2002, respectivamente. O modelo esgotou seu potencial hegemônico, sem que tivesse conseguido cumprir suas principais promessas. Se é certo que a inflação foi controlada, seu preço foi muito alto: brecou a possibilidade de retomada do desenvolvimento econômico, produziu o mais intenso processo de concentração de renda que o continente já conheceu, gerou enormes déficits públicos, expropriou direitos fundamentais da maioria da população – antes de tudo, o direito a empregos formais –, elevou exponencialmente o endividamento público e, além disso, fragilizou as economias da região, que passaram a ser vítimas indefesas de ataques especulativos – dos quais os três casos mencionados são exemplos eloquentes.

As maiores conquistas do neoliberalismo não aconteceram no plano econômico, campo que canalizava suas maiores promessas, mas nos planos social e ideológico. A combinação entre políticas de "flexibilização laboral" – que, na realidade, se trata de precarização laboral, de expropriação do direito ao contrato formal de trabalho –, desemprego resultante de ajustes fiscais em nível governamental e demissões maciças no setor privado, enfraqueceu profundamente os sindicatos e a capacidade negociadora dos trabalhadores, fragmentou e atomizou a força de trabalho, deslocou os temas do trabalho e das relações de trabalho para o debate público. A maioria dos latino-americanos não pode se organizar, não pode apelar para a Justiça, não tem identidade pública, não são cidadãos no sentido de que não são sujeitos de direitos, mas vítimas dos piores mecanismos de superexploração do trabalho. São os chamados "excluídos", não no sentido de que são marginalizados dos processos sociais constituídos, mas no de que são excluídos das relações de direito, não são reconhecidos pelo mercado de trabalho, têm expropriados seus direitos sociais fundamentais.

A essa fragmentação social, que dificulta ao máximo a organização das lutas de resistência ao neoliberalismo, somam-se as mudanças radicais no campo ideológico das sociedades latino-americanas. A derrota do campo socialista em escala mundial foi seguida de um projeto ideológico que substitui o Estado pela empresa e pelo mercado, o cidadão pelo consumo, a regulação econômica pelo livre-comércio, os espaços públicos pelos *shopping centers*, o trabalhador pelo indivíduo, a ideologia pelo marketing, a palavra pela imagem, a escrita pela mídia visual e o livro pelo vídeo, as concentrações de rua pelas campanhas políticas televisivas, os direitos pela competição, a novela escrita pela telenovela, os jornais pelo noticiário de televisão. Em suma, uma virada ou a consolidação de valores ideológicos que vinham se impondo ao longo do tempo e encontraram no ambiente ideológico da hegemonia neoliberal seu campo de afirmação por excelência.

Simultaneamente a essa afirmação há a desqualificação de valores, fenômenos, espaços, como partidos, política, soluções coletivas, planificação estatal, direitos, teorias, ideologia, valores, razão, consciência social, desalienação, organizações e movimentos sociais, esfera pública e esfera estatal.

A isso se somam as campanhas do "pensamento único" e do "Consenso de Washington", para configurar um campo intelectual dominante absolutamente pró-capitalista na sua era neoliberal. Isto, conjugado ao fator mencionado antes, isto é, a fragmentação social, são os elementos de força do neoliberalismo, que respondem principalmente por sua manutenção como modelo hegemônico ainda dominante na América Latina, apesar de sua exaustão econômica precoce e das derrotas dos governos que o personificaram – Alberto Fujimori no Peru, Fernando Henrique Cardoso no Brasil, Carlos Menem na Argentina, Carlos Andrés Pérez na Venezuela, Sánchez de Lozada na Bolívia, os últimos governos do PRI no México, os governos dos dois partidos tradicionais no Uruguai e o Partido Colorado no Paraguai. Assim como a derrota dos que tentaram perpetuá-lo além de seu esgotamento e caíram, como os de Fernando de la Rúa na Argentina, Lucio Gutiérrez no Equador, Sánchez de Lozada na Bolívia e outros. Mais de dez governos da região caíram, não como resultado de golpes militares dessa vez, mas por perda de legitimidade.

O pós-neoliberalismo na América Latina

Duas grandes transformações introduziram o período histórico contemporâneo em escala mundial: a passagem de um mundo bipolar para um mundo unipolar, sob a hegemonia imperial estadunidense, e a passagem de um modelo hegemônico regulador para um neoliberal. Essa combinação produziu um imenso retrocesso histórico e modificações fortemente regressivas na correlação de forças entre os campos fundamentais de enfrentamento político em escala local e mundial.

Depois de um embate entre os dois campos, o socialista e o capitalista, a vitória deste último significou o início de um novo período histórico, sob a hegemonia única da potência-líder do campo capitalista. Um triunfo econômico e político, mas também ideológico. Durante o período bipolar, disputava-se a interpretação sobre a história contemporânea. Para o campo socialista, o enfrentamento central do mundo se daria entre o socialismo e o capitalismo, com a projeção de um esgotamento do modelo capitalista. Para o campo capitalista, o embate era entre democracia e totalitarismo: após a derrota da versão nazista deste último, surgia o momento da luta contra a sua versão comunista.

O fim do campo socialista e o triunfo de seus adversários representaram também a vitória da interpretação do campo capitalista sobre os enfrentamentos do mundo contemporâneo. Tornou-se hegemônica a visão expressa por Francis Fukuyama, de que o horizonte histórico contemporâneo ficaria restrito à democracia liberal – que passou a ser identificada à democracia – e à economia capitalista de mercado – identificada à economia. Trata-se de uma grande conquista ideológica, que consolida no nível das ideias as transformações ocorridas nos outros níveis.

Esse é o plano em que se revela a força maior da hegemonia dos Estados Unidos: a do "modo de vida norte-americano", que influencia amplamente até as camadas mais pobres da população mundial, da mesma forma como chega à própria China – que nunca antes havia tido influências externas significativas.

No entanto, as debilidades econômicas, políticas e militares dos Estados Unidos afetam seu potencial hegemônico. Militar e politicamente, são incapazes de desenvolver duas guerras ao mesmo tempo, o que bloqueia sua capacidade de consolidar-se como a única superpotência, como o grande líder mundial na era da globalização neoliberal. A recessão da economia norte-americana confirma igualmente suas fragilidades, que se refletem na desvalorização do dólar e nos três déficits que estruturalmente passaram a marcar sua economia.

Mas a nova hegemonia unipolar imperial não se dá num período ascendente do capitalismo, incapaz de impulsionar um novo ciclo expansivo da economia, como ocorreu no segundo pós-guerra. A predominância do capital financeiro impõe a esfera especulativa como central no processo de acumulação, constituindo-se no espaço de atração maciça de capitais excedentes como expressão da contradição estrutural entre a expansão produtiva e a incapacidade do sistema de criar as condições de sua realização no plano do consumo. O declínio da hegemonia econômica dos Estados Unidos e a ascensão de economias asiáticas – a chinesa em primeiro lugar – refletem essa tendência.

Pelos fatores ideológicos apontados acima, não se podem aceitar algumas interpretações que afirmam que pode haver dominação sem hegemonia[15]. A influência ideológica dos Estados Unidos caracteriza, ao contrário, um caso típico de hegemonia no sentido gramsciano do conceito, refletida na capacidade de convencimento, de persuasão, de fascínio, de sedução, de adoção dos valores do modo de vida norte-americano. No caso das populações pobres, a sedução do consumo de marcas, do McDonald's, da internet e, além disso, no caso da China, o uso da tecnologia e de automóveis, como sintomas da indução dos valores norte-americanos.

Não há outra forma de vida ou de sociabilidade que dispute com a norte-americana nos corações e na imaginação de grande parte da população mundial. Nem o islamismo, nem o evangelismo, nem qualquer outra forma, ocidental ou não, tem de longe ou de perto a capacidade de competir com o estilo de vida, com os valores e com as propostas de consumo dos norte-americanos.

Outro argumento consistente a favor da continuidade da hegemonia estadunidense, mesmo que enfraquecida, reside na inexistência de outra potência ou de um conjunto de forças aliadas que possa combinar força política, militar, econômica e ideológica para disputar o lugar de potência hegemônica.

Concomitantemente, o modelo neoliberal revela seus limites. Como se poderia prever, o país que tirava vantagens essenciais da desregulação financeira passou ele mesmo a vítima desse fenômeno, como acontece hoje com

---

[15] Ver principalmente Giovanni Arrighi. Trata-se, porém, de uma concepção generalizada, adotada por outros excelentes analistas, como Immanuel Wallerstein e Samir Amin.

os Estados Unidos, que se veem obrigados a acudir empresas financeiras em crise. Distintas formas de intervenção estatal e de protecionismo – que conseguiram sobreviver – se fortaleceram, mas isso não questiona a predominância das teses do livre-comércio, que seguem predominantes no mundo.

Tanto do ponto de vista da hegemonia político-militar quanto da vigência da hegemonia do modelo neoliberal – que vive seu declínio –, não há no horizonte nenhuma nova potência com vocação hegemônica nem um modelo alternativo ao neoliberal. Vivemos assim, e seguiremos vivendo ainda por um bom tempo, um período histórico marcado por turbulências, incertezas e novas disputas hegemônicas, tanto na ordem econômica quanto na política e militar, em escala mundial.

Esse hiato se abre porque o maior drama histórico contemporâneo reside no descompasso entre a revelação, cada vez mais clara, dos limites do capitalismo – pela financeirização da economia, pela militarização dos conflitos, pela deterioração ambiental, pela concentração de renda e de poder dentro de cada país e no plano mundial – e o retrocesso nos fatores que poderiam levar à construção de uma alternativa de superação do capitalismo. Este se dá não apenas pela derrota e pela desaparição da URSS e do campo socialista, mas também pelas transformações nas formações sociais capitalistas, como o debilitamento da classe operária – tanto de sua situação objetiva quanto da importância do tema do trabalho –, das distintas formas de políticas públicas e de regulações estatais, das alternativas coletivas, da política como instrumento de transformação consciente da sociedade, da ideologia e da militância política, entre outros.

No novo período histórico, as alternativas contra-hegemônicas enfrentam os dois pilares centrais do sistema dominante: o modelo neoliberal e a hegemonia imperial estadunidense. É no confronto com eles que tem de se medir o processo de construção do "outro mundo possível", para analisar seus avanços, reveses, obstáculos e perspectivas.

De certa maneira, pode-se resumir os eixos que articulam o poder atual no mundo a partir de três grandes monopólios: das armas, do dinheiro e da palavra. O primeiro reflete a política de militarização dos conflitos, em decorrência do campo em que os Estados Unidos acreditam dispor de superioridade inquestionável. O segundo retrata a política neoliberal, de mercantilização de todas as relações sociais e dos recursos naturais, que busca produzir um mundo em que tudo tem preço, tudo se vende, tudo se compra, e cuja utopia são os *shopping centers*. O terceiro é o monopólio da mídia privada sobre o processo – profundamente seletivo e antidemocrático – de formação da opinião pública. A América Latina espelha de maneira particular essas contradições do novo período histórico. Da mesma forma como foi palco inicial da implantação do modelo neoliberal e sua vítima privilegiada, a região passa por uma espécie de ressaca do neoliberalismo, com governos que rompem com o modelo e outros que buscam readequações que lhes permitam não sucumbir com ele. Do ponto de vista político, a região se mostrou refratária à política de "guerra infinita" de Washington: os Estados Unidos não conseguiram apoio de nenhum governo à invasão do Iraque. Internamente, a Colômbia, como epicentro regional da política estadunidense, permanece isolada. Em seu conjunto, a região produziu espaços de autonomia relativa em relação à hegemonia econômica e política dos Estados Unidos, o que faz da América Latina o elo mais frágil da cadeia neoliberal na entrada do novo século.

É nesse marco geral que se forma o novo período histórico na América Latina, como produto e como reação às condições imperantes em escala mundial. A exaustão do modelo econômico foi fator determinante para a derrota dos governos que o introduziram e o implementaram no continente, assim como para a debilidade dos que o mantêm – como Felipe Calderón no México, Alan García no Peru e Michelle Bachelet no Chile, todos em claro declínio de popularidade. Na Colômbia, o próprio Uribe, cuja alta popularidade vem da promoção do tema da "segurança democrática" – a questão central do país –, perdeu as eleições municipais: a oposição reelegeu o prefeito de Bogotá e elegeu os prefeitos de Cali e de Medellín, em outubro de 2007.

Cada vez mais presidentes foram eleitos – alguns reeleitos – como reação à exaustão do modelo econômico. A esse fator somou-se o isolamento da política do governo Bush, com a derrota da proposta da Alca e a adesão a tratados bilaterais de livre-comércio como alternativa. Unidos à força acumulada pelos movimentos sociais na resistência aos governos neoliberais, esses governos constituíram-se como fatores responsáveis pelo novo período que vive a América Latina.

A CRISE HEGEMÔNICA NA AMÉRICA LATINA

A América Latina viveu períodos históricos claramente diferenciados nas últimas décadas, cujas transições provocaram processos de profunda e constante instabilidade social e política que marcaram a história da época em que vivemos.

O modelo desenvolvimentista

Como reação à crise de 1929, promoveram-se, de diferentes maneiras e em graus distintos, o desenvolvimento industrial, o fortalecimento dos mercados internos e a construção de projetos nacionais. Esse período se iniciou na década de 1930 e se prolongou com o ciclo longo expansivo do capitalismo internacional do segundo pós-guerra, produzindo uma grande novidade histórica. Até aquele momento, a periferia capitalista estava condenada a ser primário-exportadora, enquanto a industrialização era monopólio dos países do centro do capitalismo. A teoria do comércio internacional encarregava-se de teorizar e justificar a aceitação dessa modalidade de divisão do trabalho internacional herdada da era colonial.

Três grupos de países podem ser caracterizados conforme sua reação à Grande Depressão de 1929: os que lograram implantar projetos de industrialização para substituir as importações, transformando desse modo a estrutura produtiva do país (Argentina, México e Brasil); os que deram passos nessa direção (Peru, Chile, Uruguai e Colômbia); e os que não conseguiram sair da estrutura primário-exportadora. Ainda assim, por mais que operasse o "privilégio do atraso" propiciado pela lei do desenvolvimento desigual e combinado, a industrialização atrasada encontrou um mercado mundial constituído, com o qual teve de acertar contas para poder integrar-se.

As modalidades dependentes de industrialização periférica foram devidamente analisadas por Ruy Mauro Marini[16], que destacou a acumulação voltada para a exportação e para a alta esfera do consumo, sustentada em processos de superexploração do trabalho, e as consequências sociais que se inscreveram profundamente nas estruturas de nossos países – o continente de maior desigualdade entre todos, portanto, o mais injusto do mundo.

A América Latina transformou sua fisionomia como nunca havia acontecido antes em sua história, seja do ponto de vista do desenvolvimento das forças produtivas, da constituição das classes sociais fundamentais (expansão da capacidade de regulação, realização de políticas sociais e fomento do Estado à produção) ou da elaboração de projetos nacionais (organização de forças sociais e políticas e formação de identidades culturais). Os processos de mobilidades sociais tinham caráter ascendente, sobretudo na passagem do setor primário para o secundário ou o terciário, o que significava a aquisição de contrato formal de trabalho e a promoção à cidadania social. Foi assim que se constituiu um grande proletariado urbano, expandiram-se os sindicatos, fortaleceram-se os partidos de caráter popular e desenvolveu-se uma cultura cidadã, de direitos e de democracia política e social, apesar da profunda desigualdade social.

Esse período desembocou, no fim do ciclo longo expansivo latino-americano, em grandes conturbações sociais e políticas, com ditaduras militares, movimentos guerrilheiros e triunfos revolucionários. No cenário de fundo, encerrou-se o ciclo desenvolvimentista, de capacidade reguladora do Estado, de expansão do mercado interno de consumo de massas, de movimentos nacionalistas e de alianças entre setores da burguesia industrial e forças representantes dos trabalhadores e do campo da esquerda.

Terminava um período hegemonizado por um bloco de classes que havia adquirido certo grau de estabilidade. Esse domínio se fundava num projeto de acumulação de capital que incorporava interesses comuns de expansão do consumo interno, de integração do crescente contingente de trabalhadores à economia formal, de fortalecimento do papel do Estado e, em certa medida, de promoção do desenvolvimento econômico e defesa do mercado interno.

---

[16] Ver Emir Sader (org.), *Dialética da dependência: uma antologia da obra de Ruy Mauro Marini* (Petrópolis, Vozes, 2000).

A HEGEMONIA NEOLIBERAL

Esgotado esse projeto e terminado o período, depois de um processo tenso de transição, instalou-se um modelo neoliberal em um mundo dominado pela hegemonia imperial norte-americana. A desregulação – tema estratégico dessa nova etapa – não propiciou um novo ciclo expansivo, mas uma brutal e maciça transferência de capitais do setor produtivo para o especulativo. Liberado de suas travas, o capital migrou fortemente para o setor financeiro por intermédio da compra de papéis das dívidas dos Estados e da circulação nas bolsas de valores.

Houve, ao mesmo tempo, enfraquecimento da capacidade reguladora dos Estados e retração das políticas sociais, em consequência da generalização dos endividamentos e das cartas-compromissos impostas pelo Fundo Monetário Internacional (FMI), com processos de privatização do patrimônio público e abertura e internacionalização das economias.

Instalava-se um novo bloco no poder, hegemonizado pelo capital financeiro, agora aliado aos grandes grupos exportadores, e com um novo protagonismo dos agronegócios, sobretudo da soja. O ponto mais frágil das alianças passou a ser sua débil capacidade de criação e reprodução de bases populares de apoio. O novo bloco conseguiu incorporar setores da classe média alta reciclados para os processos de globalização da economia, provocando grande fratura nas camadas médias, cujos setores tradicionais tendiam para a proletarização.

O novo modelo teve um início fulgurante: contou com o apoio internacional e o respaldo praticamente unânime da grande mídia privada; foi saudado como grande instrumento de estabilidade financeira, saneamento das finanças públicas e promoção de um novo ciclo de modernização e expansão da economia. O controle inflacionário foi feito à custa do aumento exponencial da dívida pública e das altas taxas de juros, tendo como pano de fundo a substituição do objetivo do desenvolvimento econômico pelo de estabilidade financeira, em um continente que arrastava grandes problemas econômicos e sociais não resolvidos.

Depois de um período em que o controle inflacionário imprimiu ares de vitória ao neoliberalismo, começaram a suceder-se precocemente as crises que desvelaram a capacidade limitada de reprodução das condições de existência do novo modelo: México em 1994, Brasil em 1999, e Argentina em 2001 e 2002. A abertura das economias, aliada à dependência estrutural do capital especulativo, produziu fragilidades que permitiram essas crises e revelaram as debilidades do neoliberalismo, antes que este tivesse cumprido a promessa de retomada da expansão econômica, modernização e generalização da possibilidade de consumo.

Por que isso se deu, se o bloco ocidental, sob a liderança inquestionável dos Estados Unidos, havia triunfado na Guerra Fria e o campo que se opunha a ele – portador de uma outra proposta de sociedade e de visão do mundo – havia desparecido? Por que isso ocorreu, se houve uma transição generalizada do modelo regulador para o modelo neoliberal, assumida por praticamente todas forças do espectro político e ideológico?

O fator central foi que, na crítica ao papel regulador do Estado, que impunha constrangimentos à livre realização do capital, estava embutida a tese da livre circulação, numa crença real de que "o mercado é o melhor alocador de recursos". Na prática, isso significou uma maciça transferência de capital do setor produtivo para o especulativo. Este, como expressão do fenômeno estrutural do período de excedentes de capitais, não apenas bloqueia a possibilidade de um novo ciclo longo expansivo da economia, como também significa a hegemonia do capital financeiro, sob sua forma especulativa.

O processo de acumulação financeira, por sua vez, não cria as bases sociais de apoio que possam dar estabilidade à sua reprodução, e este é o seu calcanhar de Aquiles. A reprodução do capital fictício não distribui renda; ao contrário, acentua um forte processo de concentração, porque gira em falso, não produz valor, tampouco empregos.

Não por acaso, depois de um início eufórico, os governos que mais diretamente aderiram ao modelo neoliberal foram derrotados nas urnas e as forças que os substituíram encontraram nas políticas sociais sua alavanca propulsora – o que lhes dá legitimidade e lhes permite derrotar as forças de direita, embora estas disponham do monopólio da mídia e tenham, com isso, a possibilidade de forjar e manipular uma opinião pública opositora. As relações de poder foram brutalmente transformadas, passando a concentrar-se nos monopólios relacionados à terra – agora voltada para a exportação do agronegócio –, aos bancos, à mídia e às grandes corporações industriais e comerciais.

A unidade de toda essa gama de setores do grande capital, sob a hegemonia do capital financeiro, não conseguiu forjar uma ampla base social de apoio, a despeito da aliança com os novos setores globalizados das classes médias – que, de qualquer maneira, eram minoritários nessa camada social.

Apesar do papel que a grande mídia mercantil passou a ter como direção política e ideológica da nova direita latino-americana, sua capacidade de mobilizar e consolidar apoios no plano político é limitada, mesmo com a imensa influência ideológica que exerce.

A maior vitória ideológica da nova direita neoliberal deu-se por essa influência midiática, articulada com as campanhas publicitárias das grandes marcas e no estilo de consumo dos *shopping centers* – e cujo complemento indispensável é a própria televisão e toda a nova indústria da imagem. No entanto, o que mais contribuiu para a hegemonia neoliberal foi a imensa fragmentação social e cultural que o novo modelo produziu e reproduziu em toda a imensa massa da população. A promoção do trabalho precário, forma majoritária de reprodução da vida de centenas de milhões de pessoas, foi a maior responsável por essa heterogeneidade das relações de trabalho, por esse panorama econômico e social no qual nunca tantos viveram do trabalho – homens e mulheres, negros, brancos, mestiços e índios, idosos e crianças –, sem que esse imenso caudal pudesse se transformar em força e capacidade organizativa para defender os direitos básicos desses milhões de trabalhadores. Essa fragmentação dificulta a capacidade de manifestação, de negociação, de apelo à Justiça, de construção de força política, assim como enfraquece a identificação com o mundo do trabalho e com a sua cultura. Como as identidades não permitem o vazio, acabam preenchidas por outras – nacionais, étnicas, de gênero, religiosas, esportivas –, que não se articulam e não dialogam com as identidades do mundo do trabalho, embora continuem a ocupar grande parte da energia, do tempo e da vida das pessoas, para simplesmente reproduzir suas condições de existência.

Outro componente da hegemonia neoliberal – e ao qual queremos dar ênfase em razão de sua importância – é a alienação. Trata-se de uma categoria que caiu em desuso, talvez por esquecimento ou sublimação, mas que hoje, mais do que em qualquer outro período histórico, tem papel preponderante. A própria perda da identidade do trabalho bloqueia a capacidade de compreender o papel de fio condutor da maior das alienações: as pessoas produzem o mundo, mas não decidem seus rumos nem têm consciência de o estarem produzindo; ao contrário, sentem-no como um mundo *ancho y ajeno* [vasto e alheio]. Isso facilita a entrega indefesa das pessoas à ideologia da globalização, que exalta a tecnologia, a competência profissional, o dinheiro e a destreza empresarial como os grandes agentes de construção da riqueza e do mundo.

Esse espaço vazio – promovido pelas ideologias da globalização – é preenchido pela ideologia do consumo, do mercado, da competição, que alimenta o espírito e incentiva a demanda. O "modo de vida norte-americano" nunca se desenvolveu tanto, nunca teve tanta influência, nunca realizou tão amplamente sua capacidade hegemônica.

Como resultado dessa convergência, nunca a humanidade acumulou tanta capacidade tecnológica para construir "outro mundo", à imagem e semelhança de seus sonhos, desejos e imaginação; porém, nunca se sentiu tão impotente diante desse mundo, que aparece como uma realidade que se impõe, inevitável, incontornável, alheia ao que homens e mulheres são em sua vida cotidiana, e mesmo em suas associações e lutas diárias.

O neoliberalismo conseguiu outros feitos: introduziu o tema da luta contra a inflação como uma questão consensual, a ponto de muitos governos eleitos num ato de rejeição ao modelo (México, Brasil, Argentina, Chile, Colômbia, Peru, Uruguai e outros) manterem vários de seus elementos, como independência do Banco Central, pagamento de superávit primário, acumulação de grande quantidade de divisas e altas taxas de juros.

A passagem do capitalismo internacional para um ciclo longo recessivo representou para a América Latina uma virada muito mais radical do que simplesmente uma inversão de sinal do ponto de vista econômico. A partir da década de 1970, o continente transitou para um período histórico sobredeterminado pela passagem do mundo da bipolaridade para a hegemonia unipolar imperialista e do modelo regulador para o neoliberal. Sua combinação aprofundou a fratura entre o centro e a periferia – agora denominada relação entre globalizadores e globalizados.

A crise hegemônica

A América Latina foi o laboratório das experiências neoliberais: aqui o modelo nasceu, se estendeu e assumiu suas formas mais radicais. Por causa disso, o continente sofreu uma ressaca neoliberal e passou a ser o elo mais fraco dessa cadeia, onde mais proliferam governos eleitos no bojo da rejeição ao neoliberalismo, na contramão das tendências mundiais.

Em outros momentos da história, em períodos distintos, crises sociais menos agudas e prolongadas que a atual provocaram respostas de movimentos sociais de massa, que se tornaram casos de exceção no marco da fragmentação social construída pelo neoliberalismo. Nesse período, o descontentamento social canaliza-se para outras vias: expressões religiosas, violência privada e pública, entre outras coisas, como se a energia social não se potencializasse politicamente, mas, ao contrário, fosse neutralizada.

O período a que assistimos caracteriza-se pela perda de legitimidade dos governos e dos modelos neoliberais, mas, ao mesmo tempo, por dificuldades de construção de projetos alternativos, seja pela fragmentação social mencionada, seja pelo consenso conservador, que mantém o predomínio do livre-comércio no mundo, seja, enfim, pelo consenso neoliberal, que deitou raízes não somente nas opiniões sociais – como o medo da inflação –, mas também nos processos econômicos, apesar dos riscos reais de descontrole monetário, entre outros mecanismos, ocasionado pelo desequilíbrio entre produção e consumo – em que este é potencializado pelas políticas de distribuição de renda.

Outra barreira para a construção de alternativas é o próprio fato de esses governos estarem engajados em uma estratégia de disputa hegemônica contínua, convivendo com o poder privado da grande burguesia – das grandes empresas privadas, nacionais e estrangeiras, dos bancos, dos grandes exportadores do agronegócio, da mídia privada. Se essa elite econômica não dispõe de grande apoio interno, conta com grandes aliados no plano internacional, especialmente entre os países globalizadores.

Nesses países, uma onda direitista impôs-se ao longo das últimas décadas, tendo como pano de fundo a concentração de poder e de renda – nunca antes como agora a distância entre o nível de vida no centro e na periferia do capitalismo foi tão acentuada. No marco político, se uma das explicações para a generalização dos Estados de bem-estar social no segundo pós-guerra era a necessidade de melhorar o nível de vida dos povos da Europa ocidental diante da concorrência e eventual ameaça dos países socialistas, essa referência desapareceu e levou, com ela, o espaço político dos partidos comunistas, ao mesmo tempo que se deu a ruptura da tradicional aliança que havia sustentado a força da esquerda no mesmo período: dos socialdemocratas com os comunistas.

Do ponto de vista social, enquanto os sindicatos enfraqueciam com a passagem do pleno emprego para níveis muito altos de desemprego, a entrada de imigrantes em funções desqualificadas no mercado de trabalho permitiu que parte da direita usasse os trabalhadores desempregados para obter grandes proporções – com frequência a maioria – dos votos, jogando-os contra os imigrantes. A política de imigração continuou a ser a linha divisória entre a direita e a esquerda, assim como o fator determinante para a aprovação, pela quase totalidade do espectro político, de novas e duras restrições ao ingresso e à legalização dos imigrantes. Enquanto isso, a economia desses países entrava em recessão e as jornadas de trabalho voltavam a aumentar, podendo chegar a mais de setenta horas semanais.

O que é certo é que nunca o Sul do mundo esteve tão isolado do Norte. Este, sob a direção norte-americana, atua de forma unida na defesa estrita de seus interesses e agrega toda a Europa ocidental, grande parte da Europa oriental, o Japão e, é claro, os Estados Unidos. O Sul voltou a construir organizações próprias, como o Grupo dos 20, a selar acordos e intercâmbios, a batalhar por seus direitos na Rodada de Doha, a resistir à abertura indiscriminada de seus mercados às potências do Norte, mas o faz como Sul, sem contar com aliados no centro do sistema, que continua coeso como bloco dominante na defesa de seus interesses.

O futuro da América Latina na primeira metade do século XXI depende do destino dos governos que atualmente protagonizam processos de integração regional, resistem às políticas de livre-comércio dos Estados Unidos, avançam na direção da construção de um modelo pós-neoliberal ou o flexibilizam, desenvolvendo políticas sociais contrapostas a seu debilitamento.

Os novos caminhos da América Latina

A configuração histórica da América Latina neste momento é, então, a de uma crise hegemônica, em que o modelo neoliberal e o bloco de forças que o protagoniza se desgastam, se debilitam, só conseguem sobreviver se aplicados de forma mitigada – como nos casos do Brasil, da Argentina e do Uruguai –, porém num marco em que a construção de um modelo superador e de um novo bloco de forças encontra muitas dificuldades para se impor. O que chamamos de pós-neoliberalismo é uma categoria descritiva, que designa diferentes graus de negação do modelo, mas não ainda um novo modelo, e, ao mesmo tempo, um conjunto híbrido de forças que compõem as alianças sobre as quais se baseiam os novos projetos.

Daí a instabilidade desses governos, que avançaram pelas linhas de menor resistência da cadeia neoliberal – políticas sociais e integração regional, essencialmente – a partir da retirada das forças protagonistas da aplicação ortodoxa do modelo, mas passaram a encontrar maior resistência à medida que as oposições de direita, tendo a grande mídia privada como direção ideológica e mesmo política, se recompuseram. Desses enfrentamentos resultará a fisionomia da América Latina não apenas na segunda década deste século, mas em toda a sua primeira metade.

Qual é o melhor contexto internacional para o fortalecimento e a eventual expansão desses governos? Em que medida seu surgimento e desenvolvimento contam ou podem contar com contornos internacionais favoráveis?

A hegemonia neoliberal passou por três fases diferentes no plano internacional – surgimento, consolidação e crise –, segundo a corrente predominante nos principais governos das potências capitalistas. Seu surgimento foi marcado pelo tandem Thatcher–Reagan, com o qual se viram suas expressões ideológicas mais fortes e abertamente conservadoras e restauradoras; o governo de Pinochet foi seu exemplo mais genuíno; e a ação devastadora das ideias do guru neoliberal, Jeffrey Sachs, na economia mineira boliviana foi o escarmento dos limites que o novo modelo estava disposto a ultrapassar para impor suas receitas e sua hegemonia.

A segunda fase correspondeu aos governos da chamada "terceira via", personificada por Bill Clinton e Tony Blair, sucessores do primeiro par no eixo anglo-saxão. Aplicaram uma versão supostamente mais *light* do neoliberalismo, no entanto, o trabalho pesado – as privatizações, o predomínio sem limites do mercado, a abertura das economias – já havia sido feito. Foi nessa fase que a hegemonia neoliberal revelou a extensão de seu poder nos capitalismos centrais, com a adesão dos governos socialdemocratas; François Mitterrand e Felipe González foram seus paladinos mais expressivos. Surgiram seguidores em praticamente todos os países da Europa ocidental, como Alemanha, Portugal e Itália, fechando o circuito dos mais importantes governos da região. A maioria socialdemocrata retornava, agora, como porta-voz da globalização.

Foi como se tivesse sido dado o sinal verde para que governos de correntes similares – socialdemocratas, nacionalistas – trilhassem a mesma senda. Salinas de Gortari e Carlos Menem, ambos de correntes tradicionais do nacionalismo latino-americano, juntaram-se ao MNR da Bolívia, representado pelos governos de Paz Estenssoro e Sánchez de Lozada. A adesão da socialdemocracia, em especial as da Espanha e da França, que entretinham relações mais estreitas com correntes similares no continente, abriu a temporada de adesões por aqui: depois do socialismo chileno – em aliança com a democracia cristã –, seguiram-se os governos de FHC no Brasil e de Carlos Andrés Pérez na Venezuela, e também os de Alberto Fujimori e de Alejandro Toledo no Peru, entre outros.

Aquela conjuntura foi a mais propícia à proliferação de governos neoliberais, na medida em que combinava um ciclo (curto) expansivo da economia dos Estados Unidos com a chamada "nova economia" e os governos que pretendiam ser uma "segunda fórmula", de acordo com a expressão de Perry Anderson[17]. Aparentemente, isso confirmava o "Consenso de Washington" e o "pensamento único", que associava a um mesmo modelo correntes historicamente tão distintas como aquelas que naquele momento eram conduzidas por dirigentes de origens tão diversas como Pinochet, Salinas de Gortari e FHC. A justificativa da "terceira via" valia como álibi para que governos até então identificados como modelos de governos de bem-estar social pudessem aderir a modelos rígidos de neoliberalismo. Países como o Brasil ou a Venezuela, que não tinham passado pela fase dura do neoliberalismo – aquela pela qual passaram Estados Unidos e Grã-Bretanha sob a batuta de Reagan e Thatcher –, aderiam a um modelo que teoricamente buscava equidistância entre o mercado e o Estado.

Não por acaso, a combinação entre a expansão econômica norte-americana – que na década de 1990 ainda pesava fortemente na inserção internacional das economias latino-americanas – e os governos da "terceira via" foi o que mais favoreceu a extensão dos governos neoliberais – com exceção de Cuba.

A terceira fase, já no fim da década de 1990, corresponde ao esgotamento da ilusão de que uma "nova economia" permitiria um crescimento contínuo e sem sobressaltos. Crises do capitalismo globalizado, o fim do ciclo expansivo e a ascensão ao poder de George W. Bush nos Estados Unidos – que impôs um tom mais duro no comando do bloco imperialista, e para isso contou com a adesão daquele mesmo Tony Blair –, além do clima gerado pelos atentados de 11 de setembro de 2001, levaram à virada conservadora. Os sinais voltaram a se inverter: Washington adotou políticas agressivas e a economia estagnou. A isso, é preciso somar a modernização e o crescimento exponencial da economia chinesa e os laços que esta rapidamente teceu com vários países da América Latina, contribuindo decisivamente para diminuir o peso do intercâmbio com os Estados Unidos.

Foi nesse marco que se multiplicaram de forma surpreendente os governos favoráveis aos processos de integração regional, derrotando os que haviam

---

[17] Perry Anderson, "El pensamiento tibio: Una mirada crítica sobre la cultura francesa", *Crítica y emancipación – revista latinoamericana de Ciencias Sociales*, Buenos Aires, Clacso, n. 1, jun. 2008.

povoado o cenário do continente na última década do século XX. A troca de Clinton por Bush nos Estados Unidos veio acompanhada da substituição dos socialistas por Jacques Chirac na França, da coalizão de centro-esquerda por Silvio Berlusconi na Itália e de Felipe González por José María Aznar na Espanha. No continente, Carlos Andrés Pérez e Rafael Caldera foram substituídos por Hugo Chávez na Venezuela, FHC por Lula no Brasil, os governos colorados e brancos por Tabaré Vázquez no Uruguai, Sánchez de Lozada por Evo Morales na Bolívia, Lucio Gutiérrez por Rafael Correa no Equador, e Nicanor Duarte e o Partido Colorado por Fernando Lugo no Paraguai. Esses governos – expressões do enfraquecimento da capacidade de liderança política e econômica dos Estados Unidos e das políticas de livre-comércio na América Latina e ao mesmo tempo protagonistas de um novo bloco de forças – se valeram das novas condições para inviabilizar a Área de Livre Comércio das Américas (Alca) e pôr em prática políticas alternativas.

Nesse momento em que alguns governos da região enfrentam dificuldades para seguir da mesma forma o caminho que escolheram, em particular os da Venezuela, da Bolívia e da Argentina, o quadro geral dá sinais de mudança. Por um lado, a recessão norte-americana faz sentir seus efeitos sobre o quadro econômico internacional, até agora muito favorável à exportação dos produtos primários da região – sobretudo do agronegócio, ainda que não com o peso anterior. Porém, associada à elevação do preço dos produtos agrícolas e do petróleo, promove pressões inflacionárias e diminui a demanda por produtos de várias economias do continente. Por outro lado, a eleição de Barack Obama, levando os democratas de volta ao governo dos Estados Unidos, produz uma nova combinação de fatores econômicos e políticos no plano internacional, com prováveis efeitos sobre os governos da região.

Ao contrário do que ocorreu na década de 1990, os democratas não surfarão numa economia euforicamente em expansão; e, ao contrário da década que a seguiu, Washington deverá mudar seu discurso, se quiser romper o isolamento numa região onde sempre teve domínio privilegiado e que hoje representa um elemento de debilidade como nunca enfrentou antes. Essas mudanças, ao lado dos problemas por que passam os governos da região, representam um novo desafio para os processos de integração regional e para a construção de modelos pós-neoliberais.

Dois cenários diferentes podem surgir dessa nova conjuntura: ou os Estados Unidos, apoiados em seus tradicionais aliados – Colômbia e México, eixo a que se junta abertamente o Peru de Alan García, que assinou recentemente um tratado de livre-comércio com o governo norte-americano – retomam sua capacidade de cooptação e, mediante um discurso mais flexibilizado, tentam atrair os países mais moderados do bloco de integração regional, como Brasil, Argentina e o já predisposto Uruguai, tratando de isolar Venezuela, Bolívia, Equador e Cuba. Ou os projetos de integração em curso – Mercosul, Alba, Unasul, Banco do Sul, gasoduto continental e outros – avançam, assim como a recessão norte-americana acelera a diversificação do comércio regional com países como a China e revigora as condições de consolidação desses governos e de seus projetos de integração.

Ainda permanece em aberto o desenho que resultará da combinação entre a recessão econômica e o governo democrata, que dessa vez não terá a seu favor a proliferação de governos aderidos às suas políticas neoliberais. O novo governo norte-americano poderá contar com um relativo enfraquecimento de governos fundamentais no bloco de integração, com os da Venezuela e da Bolívia. Por isso, a evolução da disputa interna nesses dois países torna-se uma variável fundamental para o futuro do cenário político da região, que poderá contar com o Equador em velocidade de cruzeiro na construção da nova institucionalidade constitucional e com a adesão do novo governo paraguaio. Somam-se às variáveis do novo cenário que projetará a América Latina na segunda década do milênio a capacidade de recuperação e a superação da crise do governo argentino, assim como a possibilidade de Lula eleger seu sucessor em 2010, impedindo o retorno do bloco de direita ao governo brasileiro e apontando para uma segunda década de governos do novo bloco de forças latino-americano.

O ENIGMA LULA

O novo ciclo da esquerda brasileira, iniciado com as greves operárias do fim dos anos 1970, desembocou na eleição de Lula para a Presidência da República em 2002. À sua maneira, a esquerda brasileira percorreu os dois primeiros ciclos de estratégia política dos outros países do continente. Antes de Lula e do PT, e com o golpe militar de 1964, esgotou-se o modelo reformista clássico – cujos exemplos mais significativos foram os governos de Getúlio Vargas (de 1930 a 1945 e de 1950 a 1954) e João Goulart (de 1961 a 1964). Esse período foi sucedido então por um curto ciclo de resistência militar (de 1966 a 1971) à ditadura que encontrou seu limite quando a repressão desarticulou os movimentos populares e, consequentemente, gerou o isolamento da esquerda. A agudização dos enfrentamentos armados acentuou esse isolamento, o que levou a uma derrota relativamente rápida da resistência. A eleição de Lula é resultante, em primeiro lugar, da força acumulada ao longo da resistência à ditadura e, em segundo, da oposição ao neoliberalismo já durante a redemocratização, na década de 1990. Inaugurou-se assim, como um momento prenhe de contradições, o terceiro capítulo da trajetória da esquerda brasileira.

O governo Lula já recebeu as qualificações mais contraditórias: melhor administrador do modelo neoliberal, segundo uma crítica de esquerda, populista estadista, conforme a maior campanha que a direita e a mídia oligopólica, valendo-se de denúncias, jamais impuseram a este país. Embora realize uma política social que recebeu apoio popular como nenhum outro governo conseguiu (80% de apoio e apenas 8% de rejeição no sexto ano de seu governo, enquanto seu antecessor possuía apenas 18% de apoio), Lula sofre ataques sistemáticos de setores da esquerda radicalizada, nacional e internacional, por não ter rompido com o modelo econômico herdado. Recebe, de certos setores, apoio crítico; de outros, o fogo principal. Para os primeiros, ele é a expressão moderada da esquerda; para os segundos, um traidor que deve ser combatido como o principal inimigo.

CRÍTICAS DE DIREITA E DE ESQUERDA AO GOVERNO LULA

O atual governo tem sido alvo de muitas críticas e elogios, tanto de direita quanto de esquerda, de forma alternada, às vezes simultânea, contraditórios entre si. A virulência com que a direita e os maciços meios monopólicos de comunicação criticam o governo provoca uma defesa exacerbada de quem tem críticas, assim como a impressão de que essas posições são compartilhadas por muita gente na sociedade.

As críticas da mídia privada são tipicamente de direita, as mesmas compartilhadas pelo bloco tucano-pefelista. Para eles, menos Estado não significa menos financiamentos privados e isenções, mas sim redução de contratação de pessoal, gastos com políticas sociais e impostos. Também quer dizer mais privatizações, nada de regulamentações estatais nem no mercado de trabalho, nem na política de comunicações, nem na circulação de capitais e a volta do intercâmbio comercial tradicionalmente submisso com o Norte, em vez da integração latino-americana e com o Sul. É uma utopia que deveria ter sido realizada no governo FHC, com quem se identificavam plenamente. Preferem qualquer candidato que possa derrotar Lula ou tirar votos do seu mais forte candidato a dar continuidade ao seu governo.

É fundamental situar essas posições para que não se confundam com as críticas de esquerda, porque estas são absolutamente contraditórias em relação àquelas. Cito um caso de confusão entre as duas e que favorece a direita: na discussão sobre a Contribuição Provisória sobre Movimentação Financeira (CPMF), na versão final da proposta, tratava-se do que a esquerda deveria pregar, ou seja, um imposto difícil de ser sonegado, pago por quem dispõe de mais recursos e todo ele destinado à saúde pública. Era tudo que a direita não quer: tributação sobre os mais ricos, impossível de contornar e destinada às políticas sociais. O senador do Psol votou contra a proposta, cometendo um grave equívoco: uniu-se à direita para atacar o governo e ajudou a confundir ainda mais o quadro de polarização entre direita e esquerda.

A esquerda brasileira toma o governo Lula como um inimigo fundamental. Pouco lhe importa unir-se à direita ou aceitar a polarização entre governo e oposição. Tem em comum com esta a vontade de enfraquecer o governo, seja como for, pois sabe que não terá nenhuma possibilidade enquanto o PT não desaparecer. Em lugar de atuar como um crítico de esquerda, que apóia o que governo tem de progressista, ataca tudo e rifa a possibilidade de construir uma alternativa à esquerda do PT, relegada a si mesma, à intranscendência política.

As ambiguidades do governo são inúmeras e o próprio Lula afirma que nunca os ricos ganharam tanto nem os pobres melhoraram tanto de vida. Condenável a primeira, elogiável a segunda. E esta é a primeira grande crítica que o governo merece da esquerda: não ter rompido com a hegemonia do capital financeiro em sua modalidade especulativa, mas, ao contrário, ter lhe dado continuidade e consolidado a independência, de fato, do Banco Central, expressão política e institucional dessa hegemonia. Manter as taxas de juros mais altas do mundo e, assim, atrair o pior tipo de capital, não cobrar impostos sobre a circulação interna e externa desse capital, dar autonomia para que a representação direta deste defina no interior do governo uma variável fundamental para a economia do país, assim como para os recursos destinados às políticas sociais, são erros que devem ser reiteradamente criticados pela esquerda.

O segundo aspecto que merece crítica é a aliança com o grande capital exportador, em especial o do agronegócio, seja pelo modo como explora a terra, por seu caráter monopólico, pela utilização de transgênicos, pela predominância da exportação ou de um produto como a soja, com todas as suas implicações negativas. Além do mais, é inequívoco que essa aliança está na base da não-promoção da economia familiar e da segurança alimentar, assim como do avanço totalmente insuficiente da reforma agrária – objetivos que deveriam ser centrais num governo de esquerda.

O terceiro aspecto do governo que deveria ser criticado pela esquerda é não caracterizar os Estados Unidos como cabeça do imperialismo mundial, apesar de todos os danos que causam à humanidade, a começar por sua política de "guerras infinitas". O Brasil não pode relacionar-se com os Estados Unidos como se estes fossem apenas um país rico; é preciso levar em conta o fato de se tratar do líder do bloco imperialista e, de todos os pontos de vista (econômico, financeiro, tecnológico, político, militar, ideológico, midiático etc.), representar o que hoje existe de pior no mundo. São eles os responsáveis pela concentração de renda, pelas políticas de livre-comércio, pela miséria, pela degradação ambiental, pelas guerras, pela especulação financeira, pelos monopólios da mídia, pela propaganda do estilo de vida mercantilista etc. etc. etc. Não tomar o imperialismo como referência central no mundo de hoje leva a graves erros e ao risco de deixar-se dominar pelas políticas do império.

Porém, Lula pode também ser considerado uma expressão da esquerda, por suas políticas sociais, pelo bloqueio à Alca e pela prioridade dada aos processos de integração regional e Sul–Sul, por ter freado as privatizações e os processos de enfraquecimento da capacidade de intervenção do Estado e de precarização das relações de trabalho, assim como por ter aumentado sistematicamente o emprego formal, diminuído o desemprego e elevado o poder aquisitivo do salário mínimo.

Mas qual é a natureza desse governo? Não decifrar o enigma do seu significado tem levado a direita a reiteradas derrotas, assim como a esquerda – da mais radical à mais moderada – a ser incapaz de se desenvolver, frear o processo de despolitização em curso e se posicionar de maneira correta diante da polarização política e social que vive o Brasil.

Como chegamos ao período histórico profundamente contraditório que vivemos, expresso de maneira mais concentrada no governo Lula? O que esse governo significa na história política do Brasil? E que novo período introduz? Qual é o significado do enigma Lula?

A esquerda brasileira antes de Lula

A história brasileira viveu três períodos distintos nas últimas décadas e, dentre eles, o da esquerda brasileira. O primeiro período vai da democratização do segundo pós-guerra até o golpe militar de 1964. Foi um período de crescimento econômico constante, centrado na industrialização e na expansão do mercado interno de consumo. Paralelamente, o Estado, a burguesia industrial, as camadas médias urbanas e a classe trabalhadora se fortaleciam.

O projeto político e ideológico hegemônico na época era de caráter nacional e popular; porém, a partir de meados da década de 1950, o novo impulso industrializador passou a ter no capital estrangeiro, e em particular na indústria automobilística, seu eixo predominante. Definia-se uma contradição entre as forças populares e o processo de acumulação que desembocaria na crise e no golpe de 1964. Enquanto as forças populares pressionavam na direção da expansão do mercado interno de consumo popular, da reforma agrária e do controle do capital estrangeiro, o grande capital apontava para a exportação e para consumo de luxo, no qual a indústria automobilística desempenhava o papel principal.

A esquerda tinha como estratégia o desenvolvimento econômico, a soberania nacional e a democratização das relações no campo, o que ia contra os interesses do imperialismo e do latifúndio, considerados inimigos fundamentais. Um bloco de forças composto pela aliança entre o Partido Comunista e o Partido Trabalhista Brasileiro, sobretudo seus setores sindicais, dirigia a esquerda, que, por sua vez, aliava-se a setores do grande empresariado nacional. Quando a dinâmica de acumulação se chocou com o processo de distribuição de renda, essa aliança se rompeu e a chamada "burguesia nacional" escolheu a alternativa golpista.

A esquerda sofreu uma dura derrota com o golpe militar de 1964. Foram derrotados – e igualmente vítimas da repressão – não apenas os setores hegemônicos, comprometidos com o governo de João Goulart e com uma linha de alianças com a burguesia nacional, mas todos os componentes do campo popular: grupos radicais, sindicalistas, professores, estudantes, líderes populares. Praticamente toda a força acumulada pela esquerda foi destruída, em especial nos movimentos sindical e estudantil, mas também na imprensa, nas universidades e em distintos espaços do aparelho de Estado.

O segundo período iniciou-se durante a ditadura militar e deslocou os temas centrais para as questões da luta democrática. Houve de início uma fase de resistência militar, que durou pouco tempo (de 1966 a 1971). Depois de um intenso período de debates e balanços sobre o período anterior e a derrota sofrida, impôs-se, sob forte influência da experiência cubana, a via militar de resistência. Esta pregava um processo de "libertação nacional" como objetivo da luta antiditatorial e se desenvolveu a partir do momento em que a repressão e a desarticulação dos movimentos populares geravam o isolamento da esquerda, o que permitiu sua derrota relativamente rápida após a agudização dos enfrentamentos com os militares. A agudização dos enfrentamentos, com ações militares, acentuaram esse isolamento, o que, depois de atingir seu auge, permitiu a derrota relativamente rápida da resistência militar. Depois de alguns sucessos de forte impacto sobre a opinião pública, como o sequestro de embaixadores e sua troca por prisioneiros políticos, a esquerda mais radical foi derrotada e abriu campo para que a oposição liberal à ditadura se constituísse como campo hegemônico – o que definiria o caráter do regime pós-ditatorial. Enquanto isso, a ditadura conseguia recompor o processo de acumulação mediante um choque conservador: ao mesmo tempo que abria a economia ao capital estrangeiro, congelava qualquer reivindicação salarial e intervinha nos sindicatos.

À medida que desapareciam os grupos guerrilheiros, o campo da oposição passava a compor-se de um pólo democrático-liberal e outro de esquerda, centrado no movimento sindical emergente do qual despontava a liderança nacional de Lula. A hegemonia coube claramente ao primeiro, que impôs sua concepção ao conjunto da oposição, sob o manto da "democratização".

O surgimento do PT e de Lula no cenário político

A força democrática acumulada na resistência não se realizou, sobretudo porque um pacto de elite – firmado depois da derrota da Campanha pelas Diretas – permitiu o estabelecimento, por intermédio do Colégio Eleitoral, de um acordo entre o regime militar que se esgotava e o regime que lhe sucederia. Tal pacto levou à substituição de Ulysses Guimarães pelo mais moderado Tancredo Neves e, com a morte deste, à posse de José Sarney, que até poucos meses antes era presidente do partido da ditadura militar, como primeiro presidente civil pós-ditadura. Assim, o novo regime democrático combinava elementos novos e outros de continuidade com a ditadura, condenando a um impulso fugaz o processo de democratização. Dessa forma, o PMDB não chegou a governar e a pôr seu programa em prática; a aliança com o PFL e com a Presidência de José Sarney reduziu a transição democrática à reinstauração das normas do Estado de direito, sem nenhuma reforma social e econômica, fazendo com que, ao contrário, se acentuasse o monopólio da terra, do sistema bancário, da mídia, das grandes corporações industriais e comerciais.

A outra vertente, minoritária durante a ditadura, foi mais adiante: a década de 1980 viu, simultaneamente, avanços na organização social e política do movimento popular e o esgotamento do projeto de democratização, com a fundação do PT, do Movimento dos Trabalhadores Rurais Sem Terra (MST), da Central Única de Trabalhadores (CUT) e outros. O PT, e em especial suas tendências organizadas, considerava-se a continuidade renovada da esquerda brasileira. Lula, não: ele se vinculava aos interesses concretos dos trabalhadores – com a esquerda social, se preferirmos –, sem laços ideológicos e políticos com a esquerda histórica.

O impulso democrático acumulado na resistência à ditadura desembocou na Assembleia Constituinte de 1988, mas já no momento de seu esgotamento. O PT consolidou-se como o partido mais forte da corrente de esquerda, porém o PMDB se esvaziou mais rapidamente do que se esperava, perdeu força durante o governo Sarney e deu espaço para o surgimento de uma nova direita.

Essas duas forças em descompasso se enfrentaram nas eleições presidenciais de 1989, entre Collor e Lula – o embate entre a força popular acumulada pela esquerda e o desenho de uma nova estratégia por parte do bloco dominante, em processo acelerado de reciclagem rumo ao neoliberalismo. O PT apostava numa plataforma centrada em dois eixos: a justiça social e a ética na política. A primeira, que caracterizou o partido desde o seu nascimento, buscava agregar a dimensão social ao processo político de democratização. A segunda era uma resposta aos escândalos políticos, em especial aos do governo Sarney e depois aos que acabaram levando ao *impeachment* de Collor. Não havia nessa plataforma nenhuma proposta específica sobre o regime econômico, a crise fiscal do Estado ou o modelo político da nova democracia. Essas lacunas revelavam que a esquerda não tinha se dado conta nem do esgotamento do padrão econômico e do modelo de Estado vigente entre 1930 e 1980 nem da imposição acelerada do modelo neoliberal no entorno latino-americano (México, Argentina, Chile, Venezuela, Bolívia e Uruguai). Esperava que a redemocratização resolvesse os problemas do país por meio de políticas sociais e estilos políticos transparentes. As referências ao socialismo não tinham nenhuma articulação com as análises e as propostas concretas do PT: eram uma agregação de democratização social com moralização da política.

O que definiu o desenlace desse enfrentamento não foi a vitória apertada de Collor em 1989, mas sua capacidade de impor um novo ideário e a incapacidade da esquerda de perceber a profundidade da crise – de hegemonia – que se instaurava.

Collor apontou para o novo modelo hegemônico ancorado em duas teses principais: a da desqualificação do serviço público – pela qual acusava todos os funcionários de serem "marajás" e o Estado de ser o vilão da crise brasileira, por seus gastos excessivos –, e a das "carroças" – em referência ao suposto atraso tecnológico da nossa indústria, que estaria se aproveitando de um excessivo protecionismo e impedindo o acesso à "modernidade". A retração do Estado e a abertura da economia decorriam automaticamente dessas teses. Privatizações, importações, corte no funcionalismo público e arrecadação violenta de recursos mediante o congelamento dos depósitos bancários constituíam o eixo do novo programa econômico.

A esquerda, por sua vez, ao não se dar conta da virada internacional no campo político e ideológico, agora centrado no neoliberalismo, não percebia que estavam esgotadas as condições que no passado haviam gerado o modelo desenvolvimentista e o Estado regulador. Tratava-se de responder à sua maneira aos novos desafios, assim como já fazia o neoliberalismo. Era necessário propor alternativas à crise fiscal do Estado, ao esgotamento do modelo político liberal, ao modelo de acumulação que havia entrado em crise com a explosão da dívida externa.

As eleições de 1994 foram o ponto de inflexão na relação de forças no Brasil. A vitória de Collor havia iniciado a construção de um consenso neoliberal, mas as mobilizações populares seguiam e o *impeachment* interrompeu o primeiro projeto coerente de implantação de um modelo neoliberal no Brasil. No entanto, o favoritismo de Lula durante grande parte da campanha e sua inquestionável derrota para Fernando Henrique Cardoso teriam consequências irreversíveis para o país, o próprio PT e a esquerda brasileira.

O consenso neoliberal consolidou-se amplamente no país, ancorado nas aceleradas transformações que o novo governo implantou: abertura violenta da economia, privatização concentrada de empresas estatais, retirada do Estado da economia, retração de suas funções sociais, desregulamentação, promoção do mercado como eixo central das relações econômicas, criminalização dos movimentos sociais, desqualificação dos funcionários públicos e precarização das relações de trabalho. Até onde pôde, FHC cumpriu sua promessa de "virar a página do getulismo no Brasil", isto é, o Estado nacional, regulador, social. Ao mesmo tempo, o PT iniciou um processo, a princípio lento, de adequações ideológicas que conduziria ao perfil assumido pelo governo Lula oito anos depois.

Até aquele momento, o PT considerava o déficit público e suas consequências – entre elas, a inflação – uma questão secundária. O impacto da virada a favor de FHC incidiu também sobre o PT. O primeiro elemento significativo das transformações – até por seu caráter simbólico – veio da posição do partido diante da questão da dívida externa. De uma postura inicial em defesa do não pagamento, passou para a suspensão com a realização de uma auditoria e daí seguiu para o discurso de cumprimento de todos os compromissos. Essas transformações culminaram na "Carta aos brasileiros", de 2002, que enfatizou o pagamento da dívida externa e o abandono de qualquer tipo de moratória e renegociação. Somado a isso, descartava qualquer forma de regulação da circulação do capital financeiro, que se tornara hegemônico e condicionava todo o funcionamento da economia brasileira e, em primeiro lugar, do próprio Estado, também ele financeirizado pelas dívidas e pelo superávit fiscal, o que tornava intocáveis os recursos para pagar as dívidas. A independência do Banco Central era um corolário obrigatório. Caminhava-se para incorporar a estabilidade monetária como uma conquista consensual.

Essa nova visão sobre a questão da dívida incorporava outras, das quais a principal era a abolição do tema do imperialismo. Se a dívida e o pagamento de juros, assim como suas renegociações, remetiam a uma visão da espoliação externa, com cartas de intenção e condicionamentos impostos ao país por instituições financeiras internacionais – como o FMI e o Banco Mundial –, o novo posicionamento do PT abolia a possibilidade de questionar o endividamento e o sujeito externo dele, isto é, a exploração imperial. O governo Lula levantaria o tema da integração regional como uma questão de associação com os países do Sul do continente e do mundo, por meio de inserções internacionais similares, sem no entanto resgatar o tema do campo de poder e de exploração em que as relações Norte–Sul estão imersas.

Ao mesmo tempo, o PT incorporou o consenso construído pelo governo FHC de priorizar o combate à inflação. Esta aparecia como um risco e a imagem de Lula sempre esteve vinculada a situações arriscadas, a desafios que geravam incertezas em amplos setores das classes médias. A preocupação com a inflação, como consequência da instauração da hegemonia neoliberal, seria um dos pilares da transformação ideológica do PT.

Essa reformulação foi acompanhada de modificações significativas na inserção social do partido. Em dezembro de 2000, num congresso realizado em Pernambuco, uma pesquisa revelou as transformações ocorridas na composição dos delegados: mais de 70% deles não tinham militância de base, mas estavam inseridos em outros tipos de estrutura (organização do partido ou de sindicatos, assessoria parlamentar, empresas estatais, governos etc.). Além disso, a idade média havia sofrido um sensível aumento e refletia um ser social bastante distinto daquele que fundou e compôs o partido ao longo, pelo menos, da década de 1980.

A candidatura de Lula à Presidência, em 1998, já expressava essas transformações no perfil ideológico do PT. Havia uma indefinição em relação ao sucesso eleitoral do Plano Real. A economia estava à beira de uma nova quebra, como logo deixou claro a crise de janeiro de 1999. Lula, porém, temeroso de continuar a ser identificado com uma imagem de crise e de catástrofes, decidiu não tocar no tema. Sua campanha não teve consistência, tampouco se apoiou num projeto alternativo para o modelo neoliberal de FHC. Lula parecia resignado diante do novo consenso.

Como dissemos, a grande virada na correlação de forças no Brasil ocorreu em 1994, com a implantação do Plano Real, a eleição de FHC e a segunda derrota de Lula. A aplicação sistemática do programa neoliberal introduziu transformações objetivas e subjetivas profundas no país, as mais concentradas de sua história. Ainda que a virada do golpe de 1964 tenha sido brutal, pela concentração de renda que gerou, pela acentuação do papel da exportação e do consumo de luxo, não houve a desarticulação do Estado como agente econômico. A retração do Estado – nas privatizações, na abertura ao mercado externo, na livre circulação de capitais, na precarização das relações de trabalho, na demissão de funcionários públicos, no debilitamento das políticas sociais –, somada ao aumento acentuado do desemprego, à quebra de pequenas e médias empresas, à recessão e à promoção da hegemonia do capital financeiro, alterou de novo radicalmente as relações de força entre os blocos de classe, dessa vez afetando centralmente também o papel do Estado.

Além dessas transformações, deu-se a hegemonia avassaladora do novo modelo no nível ideológico: consumismo, centralidade do mercado, exaltação da empresa privada e dos empresários, *shopping centers*, publicidade, TV, tudo isso com o beneplácito da grande mídia monopólica. O individualismo impôs-se sobre as formas coletivas de ação; os movimentos sociais foram reprimidos e criminalizados, em especial o mais aguerrido deles, o MST; o sindicalismo ficou na defensiva; e o mundo do trabalho desapareceu dos debates nacionais.

A partir de 1994, a esquerda passou da ofensiva para a defensiva. Esse processo começou no início do governo Collor, mas as manifestações a favor do *impeachment* deram um novo alento ao movimento popular. Não era, no entanto, a continuação da Campanha pelas Diretas ou da candidatura de Lula em 1989: era um espasmo, um arroubo de um período já arrematado pela hegemonia neoliberal, uma ofensiva da direita. Tanto assim que, derrubado Collor, seu substituto, Itamar Franco, tornou-se o instrumento da implantação do modelo neoliberal e não o elo com o passado de opositor do PMDB. Foi pelas mãos dele que FHC assumiu o Ministério da Fazenda – plataforma da qual preparou e lançou o Plano Real – e dali rumou para o Palácio do Planalto.

A articulação entre mobilizações sociais e atuação política, essencial para a força da esquerda nos anos 1980, decaiu ao seu ponto mais débil em vinte anos. A ofensiva neoliberal enfraquecia os movimentos sociais, política e socialmente, enquanto o PT avançava no processo de integração institucional como um reflexo indireto da mudança na correlação de forças e da recuperação de iniciativa por parte da direita, que despontava com uma plataforma renovada e forças novas incorporadas.

A direita havia perdido a capacidade de iniciativa desde o esgotamento da ditadura militar, no fim dos anos 1970. Ficou identificada com a ditadura e com o atraso, e recluiu-se eleitoralmente no Nordeste, na corrupção. A oposição democrático-liberal comandou o processo político que desembocou no governo de José Sarney e na Assembleia Constituinte. Seu precoce esgotamento expressou o fim do impulso democrático acumulado na oposição à ditadura e evidenciado na irrisória votação de Ulysses Guimarães à Presidência da República, em 1989.

O projeto enunciado por Collor e colocado em prática, na sequência, por FHC, representou a retomada de iniciativa por parte da direita com o triunfo ideológico do liberalismo. O mesmo fenômeno que já era predominante em escala mundial e no entorno latino-americano e agora se impunha no Brasil, que parecia imune a ele e corria na contramão. A direita se modernizava, assumia um discurso agressivo, coerente com o surgimento do mundo unipolar e o fracasso não apenas da URSS – e, com ela, do socialismo, tal qual era entendido até ali –, mas também do modelo keynesiano, do bem-estar social e do papel social do Estado. Modificava-se assim, radicalmente, a correlação de forças entre os grandes blocos sociais e políticos, evento precedido por um período transitório, na segunda metade dos anos 1980.

Assim, 1994 foi um divisor de águas na história recente do Brasil. Junta-se a 1930 e a 1964 no rol das datas centrais de nossa história, momentos de viradas estratégicas fundamentais – progressista a primeira, regressivas as duas outras.

A esquerda não ficou imune à hegemonia ideológica do neoliberalismo. A frase de Perry Anderson a propósito da esquerda francesa vale perfeitamente para a brasileira: "E quando, finalmente, a esquerda chegou ao governo, tinha perdido a batalha de ideias"[18].

Como isso se deu no Brasil? O que representou e ainda representa?

Anderson refere-se a um fenômeno de dimensão mundial, que não poupou nenhum país: o consenso liberal. Por aqui, teve o efeito de consolidar,

---

[18] Perry Anderson, "El pensamiento tibio: Una mirada crítica sobre la cultura francesa", cit., p. 196.

no período pós-ditatorial, a identificação da democracia com a democracia liberal, do Estado com o Estado burguês, da economia com o capitalismo, do dinamismo econômico com o capitalismo privado e as empresas, do Estado com a burocracia, a estagnação e a corrupção – assim como promoveu o quase desaparecimento do imperialismo das pautas de debates e das interpretações teóricas e incluiu a estabilidade monetária nesse novo consenso.

Essas visões foram incorporadas pela esquerda brasileira, em parte já no período de resistência à ditadura, quando a democracia representava a restauração da democracia – a "redemocratização" – em sua forma liberal. Nessa visão, a democracia é resumida a seu formato liberal, a exemplo de outras reduções apontadas acima. Pode-se dizer que o PT foi vítima dessa visão ideológica, potencializada pela crítica ao modelo soviético, predominante no partido e refletida posteriormente na constituição do governo Lula.

O governo Collor esboçou, mas foi o governo FHC que reconstituiu o bloco de classes no poder, agora sob a hegemonia do capital financeiro, em aliança com o grande empresariado industrial, sobretudo com o setor exportador. A incorporação da socialdemocracia, liderada por um presidente com características intelectuais, e que havia participado da oposição à ditadura, fortaleceu o novo bloco de direita no poder[19]. O processo de acumulação passou a articular-se em torno do consumo de luxo, da exportação – cada vez mais de produtos primários – e, como novidade, da especulação financeira. O bloco político que os representava centrava-se na aliança PSDB–PFL (hoje DEM) e sua ideologia foi, de maneira ortodoxa, a do neoliberalismo: livre-comércio, abertura ao mercado externo, estabilidade monetária, desregulamentação, Estado mínimo e centralidade do mercado. O diagnóstico neoliberal – identificar a crise com o descontrole inflacionário e atribuí-lo ao Estado –, foi utilizado por Collor para criminalizar as regulamentações estatais.

Assim, constituiu-se a nova hegemonia liberal no Brasil: não se limitava ao entorno do campo em que a esquerda começava a atuar, mas sim a afetava. A identificação da democracia com a democracia liberal, a consideração das alternativas econômicas no marco do capitalismo e a avaliação do marco mundial sem a inclusão da hegemonia imperial como fator determinante são os três elementos que representam uma reconversão ideológica de muita

[19] Atribui-se a Roberto Marinho esta frase, proferida depois do fracasso do governo Collor: "Collor foi o último presidente que a direita conseguiu eleger no Brasil". Restava buscar na esquerda quem pudesse dar continuidade ao programa neoliberal: Fernando Henrique Cardoso foi o escolhido.

significação. De força antissistêmica, o PT transformou-se primeiramente em força reformista, de caráter socialdemocrata, e, em seguida, ao longo da campanha eleitoral e no primeiro mandato de Lula, num híbrido de social-liberalismo hegemônico, com uma política externa soberana que o diferencia de qualquer assimilação com a "terceira via" de Tony Blair e com políticas sociais redistributivas.

O enigma Lula é o grande enigma brasileiro. E a leitura desse fenômeno tem desconcertado setores de direita e de esquerda. Quando não o decifram, terminam devorados.

O enigma: o Lula que realmente existe

Gerou-se uma imensa expectativa em torno da esquerda brasileira, mais ainda porque despontava em contraste com a crise generalizada da esquerda mundial (URSS, partidos comunistas, forças nacionalistas, partidos socialdemocratas, sindicatos, movimentos feminista e negro). A esquerda brasileira parecia mais forte do que nunca, como se não tivesse chegado até aqui a virada sumamente desfavorável à esquerda em escala latino-americana e mundial. Essa esquerda era aquela cujo partido principal, o PT, havia criticado o modelo soviético desde a sua fundação, ao mesmo tempo que havia se delimitado em relação à socialdemocracia, chegando a definir-se como um partido pós-socialdemocrata.

No entanto, nenhum contraste foi maior do que Lula, líder sindicalista de base e presidente de um partido de trabalhadores, quase ser eleito à Presidência do Brasil no mesmo ano em que caía o Muro de Berlim, anunciava-se o fim da URSS e do campo socialista, poucos meses antes do fim do regime sandinista. Prenúncio de uma nova esquerda ou resquício da velha esquerda derrotada?

A conjunção entre Lula, PT, MST, CUT, governos municipais petistas – em particular o de Porto Alegre, com suas políticas de orçamento participativo – e o Fórum Social Mundial (FSM) projetou uma força que contrastava com a crise da esquerda no contorno latino-americano e no mundo. Tal situação podia ser caracterizada como a de maior debilidade da esquerda, desde que essa categoria começou a definir o campo popular duzentos anos antes, mas também como a de maior força da esquerda no Brasil, um país que até então não havia se destacado por ter uma esquerda forte, em comparação com outros países da região.

Lula aparecia como a ponta de um imenso *iceberg* de força social e política. Alguns sintomas, como a falta de grandes mobilizações populares, eram preocupantes. As únicas grandes exceções eram as marchas dos sem-terra, porém não existia uma articulação orgânica estreita desta com as outras vertentes da esquerda – nem com Lula, nem com o PT, nem com a CUT, ou mesmo com os governos municipais petistas. Apenas o Fórum Social Mundial, sobretudo em função de suas forças externas, como Via Campesina, Associação pela Tributação das Transações Financeiras para ajuda aos Cidadãos (Attac), José Bové etc., revelava maior empatia pelo MST.

Outro sintoma inquietante era o fato de as políticas de orçamento participativo nunca terem feito parte das plataformas políticas nacionais do PT e das campanhas de Lula. Além disso, o Fórum Social Mundial foi convocado diretamente pelos governos municipais e estadual do PT no Rio Grande do Sul. A direção nacional do partido e o próprio Lula foram convidados a participar, mas não fizeram parte integrante das orientações do fórum; orientavam sua política de alianças internacionais sobretudo pelo Fórum de São Paulo, no plano latino-americano, e pelas alianças com a socialdemocracia, no plano europeu, e não prioritariamente pelo FSM. O PT começava a ter relações difíceis também com o MST.

A isso, é preciso acrescentar o fato já mencionado de que, desde 1994, o PT passava por uma transformação ideológica significativa, que o distanciava das teses do FSM, do orçamento participativo e do MST. Além disso, agregue-se a relativa autonomia que Lula assumiu ao longo do tempo em relação ao PT.

Na campanha presidencial de 1989, havia uma estreita relação entre candidato e o PT. A partir daí, começou um processo de autonomização de Lula em relação às estruturas partidárias. A criação do Instituto da Cidadania, logo depois das eleições, foi o espaço institucional da autonomia de Lula: organizado de início como uma espécie de governo-sombra de Collor, logo se consolidou como um instituto propriamente dito e encarregou-se da formulação das plataformas de campanha de Lula, de certa forma substituindo as instâncias partidárias. Ao mesmo tempo, Lula desligou-se da presidência do PT; o fato de exercer um cargo honorífico distanciou-o dos conflitos e das lutas internas do partido.

Passaram por essa autonomia tanto as alianças que Lula estabeleceu como as formulações ideológicas que se aproximavam dos critérios de governabilidade: ajuste fiscal, dívida externa e projeto desenvolvimentista. Essas aproximações, a princípio com o grande capital industrial nacional, abriram um horizonte novo para uma política de alianças, sem que houvesse um grande debate partidário sobre seu significado. Estava aberta a porteira para que o PT começasse a abandonar o projeto com hegemonia dos trabalhadores. Até então, o projeto petista – e, em particular, o sentido da candidatura de Lula – poderia ter como referência os projetos socialdemocratas focados centralmente na classe trabalhadora. A partir dali, começou um deslizamento do sentido de sua natureza de classe.

O governo Lula estabeleceu a difícil e contraditória convivência da hegemonia do capital financeiro – expressa na autonomia de fato do Banco Central e na continuidade da política financeira de FHC, com prioridade ao ajuste fiscal e à estabilidade monetária em detrimento do social – com políticas sociais redistributivas e uma política externa autônoma. No marco dessa subordinação às diretrizes da equipe econômico-financeira, as políticas sociais não podem ter caráter universalizante, o que decorreria de uma orientação calcada na centralidade da política de emprego, na extensão do mercado interno de consumo de massas e na universalização dos direitos sociais. Seriam necessários elevação sistemática dos salários, critérios de emprego formal como uma das metas centrais do governo, ampliação da reforma agrária e dos direitos a saúde, educação, cultura e saneamento básico, apoio à soberania alimentar e à economia familiar no campo, entre outras medidas de sentido social definido.

As políticas sociais guiaram-se por critérios de assistência social, a partir da combinação de diferentes mecanismos, como o Programa Bolsa Família com a contrapartida de manter as crianças na escola, os programas de microcrédito, o aumento sistemático do poder aquisitivo do salário mínimo, a elevação dos empregos formais, o controle dos preços dos alimentos e a eletrificação rural. Foi por meio desses mecanismos de redistribuição de renda que alguns dos objetivos defendidos originalmente pelo PT foram atingidos, ao menos em parte: redistribuição de renda, aumento do trabalho formal, expansão do mercado interno de consumo de massas e outros. O resultado foi a melhoria generalizada do nível de vida das camadas mais pobres da população, sobretudo do Nordeste, nas periferias das grandes metrópoles; pela primeira vez, os índices de desigualdade social diminuíam no país[20].

[20] Qualquer desqualificação dessa política como "assistencialista" desconhece, por uma visão reducionista, o que representa na transformação do nível de vida dos 50 milhões de pessoas mais pobres do Brasil o aumento significativo do poder de consumo e de acesso a bens indispensáveis à sobrevivência digna e a incorporação de novas esferas de consumo.

A ditadura do ajuste fiscal, corporificada pela presença determinante de Antonio Palocci, ministro da Fazenda nos três primeiros anos do primeiro mandato definiu a cara inicial do governo Lula. Para além dela, cultivaram-se um discurso desmobilizador e uma política que não levou nem a economia a um novo ciclo expansivo nem o governo a priorizar as políticas sociais. As altíssimas taxas de juros e o poder centralizador de Palocci de contingenciar recursos para todas as áreas do governo representaram um torniquete que bloqueou o governo em áreas fundamentais. As novidades do novo governo restringiram-se basicamente à política externa (o governo brasileiro foi o protagonista da fase final de liquidação da viabilidade da Alca, o que abriu campo para novas formas de integração regional) e à política cultural, com grande criatividade de Gilberto Gil.

Os elementos de continuidade do governo FHC estavam claros: nos eixos da política financeira, em especial no objetivo central da estabilidade monetária, que se refletia nas altas taxas de juros; na independência do Banco Central; na manutenção do superávit primário; e no papel preponderante da exportação, com destaque para os produtos primários, sobretudo a soja transgênica. Os elementos de diferença – que coincidem com os aspectos positivos do governo – concentravam-se, em particular, na política externa e nas políticas sociais, mas também na elevação significativa do emprego formal, na reconstituição do aparato estatal e de sua capacidade de fomento ao desenvolvimento, que, eliminado pelo governo anterior, voltou à agenda nacional com o governo Lula. Passou-se de um alinhamento total com a política externa dos Estados Unidos – que poderia ter levado o Brasil a ser o principal responsável pela introdução da Alca – a uma política que privilegiava a integração regional na América Latina e no Sul do mundo. Quando o Brasil presidia com os EUA as negociações da Alca, o país assumiu a responsabilidade de inviabilizar sua implementação e optou pelo Mercosul como alternativa aos tratados de livre-comércio.

Como mencionamos acima, o governo desenvolveu políticas sistemáticas de distribuição de renda e, mesmo sem pôr em prática políticas universalizantes, diferenciou-se das gestões anteriores. Por outro lado, freou o programa de privatização de empresas estatais, assim como o processo de enfraquecimento do aparato estatal; este recebeu de volta parte de seus funcionários, com graus de recomposição salarial.

O resultado dessas políticas é um híbrido, de difícil caracterização. Nas próprias palavras de Lula, no momento de sua reeleição: "Nunca os ricos ganharam tanto, nunca os pobres melhoraram tanto seu nível de vida". Qualquer análise unilateral conduz a sérios equívocos, a tal ponto que é mais fácil dizer o que não é o governo Lula do que aquilo que ele efetivamente é.

Há quem o caracterize como "uma versão tropical do blairismo", isto é, da terceira via europeia. Na América Latina, houve uma tentativa de reproduzi-la com o chamado Consenso de Buenos Aires, coordenado por Jorge Castañeda e Mangabeira Unger, e do qual participaram políticos como Ciro Gomes e dirigentes do PT. Propunha-se ali uma "humanização do neoliberalismo e da globalização", com a incorporação de teses como a de privatizações – supostamente para pagar as dívidas públicas –, ajuste fiscal e estabilidade monetária. Era o que se denominava "social-liberalismo" ou "terceira via" entre o fundamentalismo de mercado de Reagan e Thatcher – expresso na América Latina por Pinochet, mas também por Menem, FHC, entre outros – e políticas em que o Estado teria funções estratégicas. Ali estava a constatação de que a estabilidade monetária inseriu-se no novo consenso continental.

Da "Carta aos brasileiros" à formação do governo – que incluía como presidente do Banco Central um grande banqueiro internacional, o ex-gerente-geral do Banco de Boston Henrique Meirelles – e ao anúncio de seus dois primeiros objetivos – as reformas tributária e da previdência (ambas coincidiam com o que o Banco Mundial chamava de "reformas de segunda geração") –, tudo confirmava o novo caminho a ser trilhado pelo PT. O modelo econômico foi mantido, embora, ambiguamente, fosse visto como uma "herança maldita" e considerado responsável pela fragilidade da situação econômica. Segundo o então todo-poderoso ministro Palocci: "Não se troca de remédio durante uma doença", em sua linguagem de médico travestido de economista. Mantinha-se o modelo, justificavam-se as atitudes conservadoras. Em janeiro de 2003, na primeira reunião do Conselho de Política Monetária (Copom), o Banco Central elevou a já altíssima taxa de juros de 25% para 25,5% contra a opinião de Lula, demonstrando sua independência em relação ao governo e sinalizando para o grande empresariado a continuidade da orientação herdada. E o novo presidente – que durante a campanha eleitoral havia reiterado que levaria os ministros para conhecer o Brasil profundo e os efeitos sociais cruéis da elevação da taxa de juros – submetia-se agora à dinâmica herdada, legitimando-a já no primeiro mês de seu governo.

O discurso de Lula centrava-se na realização dessas duas reformas, supostamente para ganhar a confiança do mercado e dos investidores e assim gerar as condições para retomar o desenvolvimento e priorizar o social. Afinal, foi para isso que havia sido eleito: para que todos os brasileiros comessem três vezes por dia, o que Lula considerava "uma revolução".

A manutenção do modelo herdado teve como consequência a incapacidade da economia de retomar o crescimento, o pífio resultado das políticas sociais, a elevação irrisória do salário mínimo, a lentidão da reforma agrária, o distanciamento dos movimentos sociais em relação ao governo e um discurso desmobilizador, que apontava para uma gestão que manteria o modelo neoliberal e descumpria a prioridade do social prometida por Lula.

Foi nesse marco que sucessivas convulsões afetaram o governo e atentaram contra sua estabilidade, e até mesmo sua continuidade, promovendo transformações com consequências imprevistas tanto pelos aliados como pela oposição. Uma agressiva campanha de denúncias contra o governo, que o acusava de conseguir aliados mediante pagamento financeiro, atingiu seu núcleo fundamental, obrigando Lula a prescindir da maioria de seus assessores históricos, assim como, no desdobramento da crise, do próprio Antonio Palocci.

As reestruturações que o presidente forçosamente teve de fazer deram novos contornos ao governo. Duas mudanças principais definiram o tom a partir da metade do terceiro ano de mandato e consolidaram a nova fisionomia. A nomeação de Dilma Rousseff para a Casa Civil, com o objetivo de coordenar as ações econômicas e sociais do governo, assim como a substituição de Palocci por Guido Mantega, um ministro desenvolvimentista, que não daria continuidade à orientação anterior do Ministério da Economia, foram responsáveis por transformações que, embora sem rupturas, estabeleceram uma nova orientação. Devem-se a isso a reeleição de Lula e o apoio que passou a ter – de 70% – na metade de seu segundo mandato[21].

O governo não alterou marcos essenciais de sua política econômica, como o superávit fiscal, a independência de fato do Banco Central e o papel essencial do agronegócio de exportação, centrada na soja e nos transgênicos. Porém, apoiado num cenário internacional favorável e na liberação de recursos para políticas sociais, conseguiu reequilibrar sua ação. Especialmente com o Plano de Aceleração do Crescimento (PAC), notou-se uma

---

[21] O presidente Lula alcançou, em 2008, índices de popularidade inéditos desde a redemocratização. No Nordeste, a aprovação foi de 81% (pesquisa Datafolha, nov. 2008, *Folha de S. Paulo*, 5/12/2008).

diferença – e até mesmo uma contradição – entre uma política financeira conservadora e uma política econômica desenvolvimentista. A retomada da expansão econômica chocava-se com os diagnósticos, segundo os quais, sem ruptura com o modelo neoliberal, não se retomaria a expansão econômica, tampouco seria possível realizar políticas sociais redistributivas. Essa visão não captava as transformações operadas no interior do governo nem fazia distinção entre as políticas financeira e econômica, assim como o fato de esta ter possibilitado a grande extensão das políticas sociais, que deixou de ser focalizada – como em sua primeira versão, já superada, do Programa Fome Zero – para ganhar contornos de massa.

O novo ciclo expansivo, unindo exportação, diversificação do mercado externo e ampliação do mercado interno, dessa vez com peso determinante do consumo popular, promoveu uma retomada do crescimento. Ao mesmo tempo, a combinação das políticas sociais acima mencionadas promovia, pela primeira vez em nossa história, uma reversão na distribuição de renda a favor dos setores mais pobres: as chamadas classes D e E deixaram de ser maioria na população, posição ocupada pela classe C, que correspondia à situação socioeconômica de 46% da população em 2007[22]. O emprego formal, ainda que, em geral, de baixa qualificação, cresceu de maneira sustentada, revertendo um dos piores, se não o pior efeito negativo direto do neoliberalismo sobre a massa da população.

No entanto, outro grande efeito negativo do neoliberalismo não foi contido: a financeirização da economia. A manutenção das mais altas taxas reais de juros do mundo, a total liquidez e quase nenhuma tributação, a autonomia real do Banco Central e o pagamento do superávit fiscal são expressões disso. O incentivo ao agronegócio de exportação, como já dissemos, choca-se por sua vez com a reforma agrária, com a economia familiar e com a segurança alimentar e configura-se como aliança do governo com o grande capital, com a hegemonia do capital financeiro no bloco pluriclassista atualmente no poder.

Assim, pode-se dizer que o copo está meio cheio ou meio vazio. O governo Lula pode ser visto como um bom gestor do neoliberalismo, que, além de dar continuidade ao modelo, ainda o complementou com as políticas sociais e a recuperação da legitimidade do Estado, desgastado pelo

---

[22] As famílias com rendimentos enquadrados nas classes D e E somavam 39% (pesquisa Observador 2008, mar. 2008).

governo mais ortodoxamente neoliberal de FHC. Também pode ser visto como o governo da política externa independente, que inviabilizou a Alca e privilegiou os processos de integração regional, aliando-se aos governos de Hugo Chávez, Rafael Correa, Evo Morales e outros, entre os quais, o de Cuba. É, além disso, aquele que conteve o processo de enfraquecimento do Estado, fortalecendo o sistema de educação e de saúde públicas, e expandiu de forma criativa a política cultural. É, sobretudo, o que mais melhorou o nível de vida da massa, em particular dos mais pobres, no país mais desigual do continente, que é o mais desigual do mundo.

A primeira interpretação possível levou as tendências de extrema esquerda a considerar o governo Lula como seu inimigo fundamental. Fazendo alianças com a direita tradicional, inclusive com a mídia privada, seu núcleo mais forte, esses grupos se isolaram dos aspectos positivos do governo. Essas tendências fracassaram na tentativa de construir uma força à esquerda do PT por não aceitar nenhum tipo de aliança com ele e insistir apenas no combate frontal, aumentando a confusão com a direita, que segue como adversária ferrenha do governo Lula. Como resultado, a polarização política nacional ainda se dá claramente entre o governo e a oposição de direita, fazendo com que esta última seja a única alternativa a Lula, sem nenhuma possibilidade à esquerda, completamente neutralizada.

Considerar o governo Lula a partir de suas contradições internas permite, ao contrário, distinguir seus elementos positivos, lutar pelo seu fortalecimento e contra seus elementos conservadores. Permite, além disso, lutar pela construção de uma plataforma antineoliberal, para que o próximo governo possa avançar nessa direção. Ao mesmo tempo, permite trabalhar pelas alianças internacionais, o que favorece governos como os da Bolívia, da Venezuela, do Equador e de Cuba, além de colocar para a esquerda sua outra grande tarefa, isto é, contribuir para a organização das imensas camadas pobres da população que apóiam Lula e para a promoção de seus direitos econômicos e sociais.

Num balanço dos prós e dos contras, há outros aspectos a mencionar. Entre os negativos, repressão e não incentivo de rádios comunitárias; lentidão na demarcação das terras indígenas, assim como na reforma agrária; não abertura dos arquivos da ditadura etc. E entre os positivos, políticas cultural e educacional, inauguração de uma TV pública, entre outros mais. A lista poderia seguir, sem permitir que se pondere e se chegue a um resultado claro de superávit ou déficit. A análise política é qualitativa, parte de e orienta-se por critérios estratégicos gerais.

Nesse caso, o critério que definimos como o fundamental para a América Latina vale também para o Brasil: a prioridade da integração regional em relação aos tratados de livre-comércio e a promoção dos direitos econômicos e sociais dos mais pobres, ainda mais que se trata de um país com altos graus de desigualdade. Diante desse elemento caracterizador da natureza dos governos latino-americanos, o caráter progressista do governo Lula é predominante: ele contribui para um mundo multipolar, privilegiando os processos de integração regional e as alianças Sul–Sul; além disso, vem desempenhando um papel importante no Grupo dos 20 (aliança dos países subdesenvolvidos) e em outras iniciativas dessa natureza.

Mas essa definição não se refere apenas à política externa como tema setorial. A rejeição à Alca e a prioridade das alianças na América Latina e no Sul do mundo têm um significado muito maior: a opção pelo papel do Estado na economia, da expansão do mercado interno de consumo popular, de extensão dos empregos formais, de fortalecimento da educação e da saúde públicas.

Não se pode perder de vista, porém, que esse é um governo híbrido, contraditório, no qual, de um lado, o capital financeiro desempenha um papel essencial e, de outro, é cada vez maior o fomento ao desenvolvimento e às políticas sociais de distribuição de renda, assim como a regulação do Estado e a contenção dos processos de informalização das relações de trabalho.

Depois de um período na defensiva, que durou toda a década de 1990, o governo Lula enviou sinais ambíguos para a esquerda: não pôs em prática o programa histórico do PT, não centrou sua ação nos ideais do Fórum Social Mundial, não fez a reforma agrária preconizada pelo MST, não incluiu o orçamento participativo em sua plataforma. Julgado à luz das propostas tradicionais da esquerda brasileira, parece um fenômeno alheio. Entretanto, tendo como pano de fundo o governo FHC e as correlações de força do período histórico de hegemonia neoliberal e imperial norte-americana, as diferenças são suficientes para caracterizar um governo de natureza distinta. A diferença crucial é que, em 1989, um governo de esquerda teria encontrado uma relação de forças nacional e internacional muito diferente daquela com que o governo atual se deparou na entrada do novo século.

A Era neoliberal – e o cenário que instaurou na América Latina e no Brasil, com os governos Collor e FHC – impôs um novo campo político, a partir do qual é preciso analisar as forças presentes. O cenário político deslocou-se todo ele na direção do centro e da direita, não apenas pelas opiniões médias, expressas no voto, mas nas próprias temáticas. Questões que se tornaram essenciais, e que nasceram de formulações conservadoras, nunca ganharam respostas alternativas da esquerda, nem esta conseguiu descaracterizá-las como temas centrais, promovidos a tal pela mídia conservadora.

Temas como a luta contra a inflação e a tributação considerada excessiva, a segurança pública, a identificação de imprensa livre com imprensa privada e de democracia com democracia liberal passaram a ocupar o lugar central na pauta política e ideológica do país e definiram o marco da chamada opinião pública. As campanhas de criminalização das ocupações de terra difundiram uma imagem violenta dos sem-terra, quase como se eles fossem os responsáveis pela violência no campo. A desqualificação do Estado – em função dos gastos, dos impostos, da burocracia, da regulamentação, da ineficácia dos serviços públicos, da corrupção e do clientelismo – projetou uma imagem eminentemente negativa dele.

Essas transformações ideológicas regressivas complementaram um marco de moderação e de redefinição da identidade dos partidos e do enfraquecimento da capacidade de mobilização de movimentos sociais. Ao mesmo tempo, a globalização promoveu níveis superiores de abertura das economias, de importância do capital financeiro e de internacionalização das economias e das empresas. Isso se tornou realidade inquestionável em países como o Brasil, o México, a Argentina, o Chile, o Peru e a Colômbia. Esgotaram-se nesses países as bases sociais para a formação de um bloco nacional e popular, do tipo existente anteriormente. O grande capital, em suas diversas vertentes, internacionalizou-se, seja por sua composição, seja por sua integração aos grandes circuitos internacionais de realização. Somado às regressões na organização dos movimentos populares e na consciência social, o resultado é uma mudança radicalmente negativa para a luta de esquerda. O marco da luta antineoliberal é o mais adequado como ponto de partida para a esquerda retomar sua iniciativa e sua histórica luta anticapitalista e socialista.

Para isso, nesses países, frear os processos de privatização das empresas estatais, de debilitamento do Estado, de precarização das relações de trabalho, assim como fortalecer o mercado interno de consumo popular, a capacidade do Estado de regular e realizar políticas sociais e as políticas externas que privilegiam os processos de integração regional é um apoio que não pode ser desperdiçado para a reconstrução de uma perspectiva de esquerda. A alternativa que se aplica hoje é uma estéril e equivocada política de oposição frontal a governos como os de Lula, dos Kirchners, de Tabaré Vázquez e de Fernando Lugo, que busca assimilá-los aos seus antecessores, sem estabelecer as diferenças e com análises parciais e deformadas que contornam o caráter contraditório desses governos, desconsiderando abertamente seus elementos positivos.

Duas estratégias são possíveis diante de governos contraditórios e híbridos como esses. Uma delas é a oposição frontal, como já dissemos. Suas consequências são o isolamento e a redução a políticas doutrinárias e ultra-esquerdistas, sem nenhuma capacidade de acumulação de forças e de construção de projetos e blocos alternativos. É uma estratégia comprometida com a concepção de que o governo, seja o de Lula, de Kirchner ou de Tabaré, é o inimigo fundamental que deve ser derrotado; já que esses governos seriam a nova direita, vale até fazer aliança com a direita tradicional.

A segunda estratégia é a aliança com os setores progressistas desses governos, a fim de fortalecer os elementos apontados e concentrar o ataque contra a hegemonia do capital financeiro, os acordos com o agronegócio, a autonomia do Banco Central e outros tantos aspectos negativos.

Só essas duas posições políticas são possíveis, mas apenas uma delas permite a articulação com os outros processos latino-americanos vividos hoje pelos venezuelanos, bolivianos, equatorianos e cubanos – e a inauguração de uma acumulação nacional de forças para o campo da esquerda.

O DESAFIO TEÓRICO DA ESQUERDA LATINO-AMERICANA

A orfandade da estratégia

Continente de revoluções e de contra-revoluções, a América Latina padece de pensamentos estratégicos que orientem processos políticos tão ricos e diversificados, à altura dos desafios que enfrenta. Apesar de uma rica capacidade analítica, de significativos processos de transformação e de dirigentes revolucionários tão emblemáticos, o continente não produziu a teoria de sua própria prática.

As três estratégias históricas da esquerda contaram com forças vigorosas em sua liderança – partidos socialistas e comunistas, movimentos nacionalistas, grupos guerrilheiros – e orientaram experiências de profunda significação política – a Revolução Cubana, o governo de Salvador Allende, a vitória sandinista, os governos pós-neoliberais na Venezuela, na Bolívia e no Equador, a construção de poderes locais, como em Chiapas, e práticas de orçamento participativo, das quais a mais importante ocorreu na cidade de Porto Alegre. No entanto, não contamos com grandes sínteses estratégicas que nos permitam usar balanços de cada uma dessas estratégias e um conjunto de reflexões que favoreçam a formulação de novas propostas.

O próprio fato de essas três estratégias terem sido desenvolvidas por forças políticas distintas fez com que não ocorressem processos comuns de acumulação, reflexão e síntese. Enquanto tiveram existência realmente concreta, os partidos comunistas promoveram processos de reflexão sobre suas próprias práticas. Durante sua existência, a Organização Latino-Americana de Solidariedade (Olas) fez o mesmo com os processos de luta armada; já os movimentos nacionalistas não estabeleceram intercâmbios suficientes entre si para fomentar algo similar. Hoje, as novas práticas têm permitido pouca elaboração teórica e problematização crítica das novas realidades.

As estratégias adotadas no continente, sobretudo em seus primórdios, sofreram fortemente o peso dos vínculos internacionais da esquerda latino-americana com os partidos comunistas em especial, mas também com os socialdemocratas. A linha de "classe contra classe", por exemplo, implantada na segunda metade dos anos 1920 e que dificultou a compreensão das formas políticas concretas de resposta à crise de 1929 – das quais o governo de Getúlio Vargas no Brasil é apenas uma das expressões, ao lado do efêmero governo socialista de doze dias no Chile e de manifestações similares em Cuba –, foi uma importação direta da crise de isolamento da URSS em relação aos governos da Europa ocidental, e não uma indução a partir das condições concretas vigentes no continente.

As mobilizações lideradas por Farabundo Martí e por Augusto Sandino nasceram das condições concretas de resistência à ocupação norte-americana e expressaram formas de nacionalismo diretamente anti-imperialista. Os processos de industrialização na Argentina, no Brasil e no México apareceram como respostas à crise de 1929. Não se assentaram, pelo menos inicialmente, em estratégias articuladas. A Comissão Econômica para a América Latina e o Caribe (Cepal) teorizou situações de fato quando, já no início do segundo pós-guerra, passou a elaborar a teoria da industrialização substitutiva de importações e, ainda assim, era uma estratégia econômica. Tampouco a Revolução Boliviana de 1952 elaborou uma linha de ação estratégica própria, apenas pôs em prática reivindicações contidas, como a universalização do voto, a reforma agrária e a nacionalização das minas.

Assim, nem o nacionalismo nem o reformismo tradicional assentaram sua ação em estratégias, mas responderam a demandas econômicas, sociais e políticas. Quando a Internacional Comunista definiu sua posição de Frentes Antifascistas, em 1935, a aplicação da nova orientação chocou-se com as condições concretas vividas pelos países da região. Se a linha de "classe contra classe" respondia às condições particulares da URSS, a nova orientação respondia à expansão de regimes fascistas na Europa. Nenhuma delas levava em conta as condições da América Latina, assimilada à periferia colonial, sem identidade particular.

Essa inadequação teve vários efeitos concretos. No caso do movimento liderado por Luís Carlos Prestes, em 1935, ele esteve a cavalo entre duas linhas: de um lado, organizava uma sublevação centrada em tenentes; de outro, pregava não um governo operário-camponês, mas uma frente de libertação nacional, já em resposta à linha mais ampla da Internacional Comunista. A forma de luta correspondia à linha radical de "classe contra classe" e o objetivo político, à frente democrática. O resultado foi que o movimento se isolou da "Revolução de 30", de caráter nacionalista e popular, dirigida por Getúlio Vargas.

A Frente Popular no Chile importava o lema "antifascista" sem que o fascismo tivesse se expandido no continente. O que houve foi a transposição mecânica do fascismo europeu para a América Latina, com todos os equívocos correlatos. Lá, o fascismo identificou-se com o nacionalismo e o antiliberalismo, sem nenhum sentido anti-imperialista. O nacionalismo europeu foi marcado pelo chauvinismo, pela suposta superioridade de um Estado nacional sobre os outros e pelo antiliberalismo, inclusive a democracia liberal. A burguesia ascendente assumiu a ideologia liberal como instrumento para destravar a livre circulação do capital contra as travas feudais.

Na América Latina, o nacionalismo reproduziu o antiliberalismo político e econômico, mas assumiu uma posição anti-imperialista, pela própria inserção da região na periferia – no nosso caso, norte-americana, o que nos situou no campo da esquerda. No entanto, as transferências mecânicas dos esquemas europeus do fascismo e do antifascismo, naquele período, levaram alguns partidos comunistas (no Brasil e na Argentina, por exemplo) a, em certos momentos, caracterizar Juan Perón e Getúlio Vargas como reprodução do fascismo na América Latina, portanto, identificados como os adversários mais ferrenhos a ser combatidos. O Partido Comunista da Argentina, por exemplo, aliou-se contra Perón, nas eleições de 1945, não apenas com o candidato liberal, do Partido Radical, mas com a Igreja e a Embaixada norte-americana, segundo a orientação de que vale toda aliança contra o inimigo maior, isto é, o fascismo.

A confusão maior se dá não apenas em relação ao nacionalismo, mas também ao liberalismo, que na Europa foi a ideologia da burguesia ascendente, mas na América Latina as políticas de livre-comércio do liberalismo eram assumidas pelas oligarquias primário-exportadoras. Não somente o nacionalismo tem sinal trocado aqui, mas o liberalismo também.

Foi esse fenômeno que provocou a dissociação entre as questões sociais e as democráticas, e a assunção das sociais pelo nacionalismo, em detrimento das democráticas. O liberalismo sempre procurou apoderar-se da questão democrática, acusar os governos nacionalistas de autoritários, totalitários e ditatoriais, enquanto estes acusavam os liberais de governar para os ricos e de não ter sensibilidade social, reivindicando para si a defesa da massa pobre da população.

Somente análises concretas de situações concretas, como as desenvolvidas, entre outros, pelo peruano José Carlos Mariátegui, pelo cubano Julio Antonio Mella, pelo chileno Luis Emilio Recabarren e pelo brasileiro Caio Prado Jr., todos elas análises autônomas, que não foram levadas em conta pelas direções dos partidos comunistas a que pertenciam seus autores –, teriam permitido a apropriação das condições históricas específicas do continente e de cada país. Predominaram as visões da Internacional Comunista, que contribuíram para dificultar o enraizamento dos partidos comunistas nesses países.

Quando o nacionalismo foi assumido pela esquerda, foi como força subordinada em alianças com lideranças populares, que representavam um bloco pluriclassista. Esse longo período não foi teorizado pela esquerda. As alianças e as concepções das frentes populares não davam conta desse novo fenômeno, em que o anti-imperialismo substituía o antifascismo com características muitos diferentes.

A Revolução Boliviana de 1952 foi objeto de disputa em sua interpretação, porque continha elementos nacionalistas – como a nacionalização das minas de estanho – e populares – como a reforma agrária. Mas a participação ativa de milícias operárias, substituindo o Exército, a presença de uma aliança operário-camponesa, e as reivindicações anticapitalistas permitiam teorizações distintas do que havia embrionariamente naquele movimento pluriclassista: desde um movimento nacionalista clássico, nacional e antioligárquico, até versões que lhe dariam um caráter anticapitalista.

A Revolução Cubana pôde contar com dois tipos de análise: a de Fidel, de tipo programático, em *A história me absolverá*[*] e a de Che, em *A guerra de guerrilhas*[**], sobre a estratégia de construção da força político-militar e de luta pelo poder. O texto que Fidel elaborou como defesa no processo que moveram contra os atacantes do Quartel Moncada é uma extraordinária análise de elaboração de um programa político a partir das condições concretas da sociedade cubana da época. A análise de Che descreve concretamente como a guerra de guerrilhas articulou a luta político-militar, desde o núcleo guerrilheiro inicial até os grandes destacamentos que compuseram o exército rebelde, resistiu à ofensiva do Exército regular e desatou a ofensiva final que os levou à vitória.

---

[*] Fidel Castro, *A história me absolverá* (São Paulo, Expressão Popular, 2005). (N. E.)

[**] Ernesto Che Guevara, *A guerra de guerrilhas* (São Paulo, Edições Populares, 1980). (N. E.)

Contudo, seja por não terem reflexão a respeito, seja para manter o elemento surpresa – importante para a vitória – não houve elaboração pública do caráter do movimento – se apenas nacionalista, se embrionariamente anticapitalista. A Revolução Cubana foi constituindo, à luz dos enfrentamentos concretos, sua estratégia de rápida passagem da fase democrática e nacional para a fase anti-imperialista e anticapitalista, conforme impunha definições a dinâmica entre revolução e contra-revolução. Essa trajetória não foi tanto tema de reflexão quanto as formas de luta, e em particular a guerra de guerrilhas. Esse foi o grande debate na América Latina depois do triunfo cubano: as formas de luta. Via pacífica ou via armada? Guerra de guerrilhas rurais ou guerra popular? Guerrilhas urbanas ou rurais? A articulação entre as questões nacional e anti-imperialista com as anticapitalista e socialista foi menos discutida e elaborada.

As experiências guerrilheiras reproduziram esse debate, da mesma forma que o governo da Unidade Popular no Chile. Os governos nacionalistas militares, em particular o governo peruano de Velasco Alvarado, mas também de modo efêmero os do Equador e de Honduras, recolocaram a questão do nacionalismo, mas seu caráter militar não propiciou sua teorização, tampouco sua consideração como alternativa estratégica pela esquerda naquele momento.

O processo nicaraguense incorporou as experiências anteriores de estratégias de luta pelo poder, elaborando uma plataforma de governo pouco definida, adaptada a fatores novos, dos quais os mais importantes foram a incorporação dos cristãos e das mulheres à militância revolucionária e uma política externa mais flexível. Foi enfrentando empiricamente os obstáculos – em especial o assédio militar dos Estados Unidos – que se encontrou, sem que tenha contribuído com teorias sobre a prática desenvolvida.

Tanto quanto no caso da Unidade Popular, a experiência sandinista foi objeto de vasta bibliografia, mas não se pode dizer que tenha levado a um balanço estratégico claro, que pudesse deixar experiências para o conjunto da esquerda. O debate sobre o Chile foi inserido nas discussões da esquerda em escala mundial e, por isso, perdeu sua especificidade como fenômeno chileno e latino-americano. Os debates sobre a Nicarágua, ao contrário, tenderam a centrar-se em aspectos importantes, como, por exemplo, as questões éticas, mas não produziram um balanço estratégico dos onze anos do governo sandinista.

No momento de maior fraqueza da esquerda no mundo, a esquerda brasileira aparecia como exceção, na contramão das tendências gerais, sobretudo das viradas regressivas radicais nas correlações de força internacionais. Aqui, Lula projetava-se como alternativa de direção política já nas primeiras eleições em que concorreu, em 1989, quando chegou ao segundo turno, fazendo com que, pela primeira vez, a esquerda aparecesse como força alternativa real de governo no Brasil – no ano da queda do Muro de Berlim e do fim do campo socialista, com fortes indícios de desagregação da União Soviética e do triunfo dos Estados Unidos na Guerra Fria e o retorno a um mundo unipolar, sob a hegemonia imperial norte-americana.

Ao mesmo tempo, Carlos Menem e Carlos Andrés Pérez triunfavam na Argentina e na Venezuela, estendendo assim as experiências neoliberais a forças nacionalistas e socialdemocratas e apontando para a generalização dessas políticas no continente. A isso, somavam-se a eleição de Fernando Collor de Mello, que havia derrotado Lula, e a Concertación no Chile, aliança da Democracia Cristã com o Partido Socialista, em 1990. Em fevereiro desse mesmo ano, dá-se a derrota eleitoral do sandinismo. Cuba já havia entrado no "período especial", durante o qual enfrentaria, com imensas dificuldades, as consequências do fim do campo socialista à que estava estruturalmente integrada.

Nesse momento, no Brasil, concentravam-se experiências que aparentemente apontavam para uma nova vertente da esquerda – pós-soviética, segundo alguns, pós-socialdemocrata mesmo, segundo outros. Além de Lula e do PT, os anos 1980 haviam permitido a fundação da CUT, a primeira central sindical legalizada na história do país; o surgimento do MST, o mais forte e inovador movimento social no país; e o crescimento das políticas de orçamento participativo nas prefeituras, em geral sob o comando do PT. Por todos esses fatores, mais adiante a cidade brasileira de Porto Alegre seria escolhida para ser a sede dos Fóruns Sociais Mundiais.

Projetaram-se assim sobre a esquerda brasileira, e em particular sobre a liderança de Lula e sobre o partido petista, grandes esperanças de abertura de um novo ciclo de uma esquerda renovada. Sem entrar na análise detalhada de uma experiência tão complexa quanto a do PT e da liderança de Lula, é preciso destacar que, desde o início, foram projetadas sobre ambos expectativas que não encontravam fundamento nas experiências concretas e nos traços políticos e ideológicos que essas experiências assumiram ao longo do tempo.

Componentes da esquerda anterior e de correntes internacionais fizeram de Lula tanto um dirigente operário classista, vinculado às tradições dos conselhos operários, quanto o dirigente de um partido de esquerda gramsciano, de tipo novo, democrático e socialista. Lula não era nada disso nem tampouco o dirigente à imagem e semelhança do que se tornou o PT. Lula formou-se como dirigente sindical, de base, na época em que os sindicatos eram interditados pela ditadura, um dirigente negociador direto com as entidades patronais, um grande líder de massa, mas sem ideologia. Nunca se sentiu vinculado à tradição da esquerda, nem às suas correntes ideológicas, nem às suas experiências políticas históricas. Filiou-se a uma esquerda social – se assim podemos considerá-la –, sem ter necessariamente vínculos ideológicos e políticos. Buscou a melhoria das condições de vida da massa trabalhadora, do povo ou do país, conforme seu vocabulário foi se transformando ao longo de sua carreira. Trata-se de um negociador, um inimigo das rupturas, portanto, sem nenhuma propensão revolucionária, radical.

Esses traços têm de ser inseridos nas situações políticas que Lula enfrentou até se tornar o Lula realmente existente. Só assim se poderá tentar decifrar o enigma Lula.

Um dos elementos da crise hegemônica latino-americana é a falta de teorização a respeito. Com exceção do processo boliviano, que pôde apoiar-se nas produções do grupo Comuna, em geral os avanços dos processos pós-neoliberais têm ocorrido por ensaio e erro, e sobre as linhas de menor resistência da cadeia neoliberal.

Esse processo já superou sua fase inicial, quando – como dissemos – obteve avanços relativamente fáceis, até que a direita se reorganizou e retomou sua capacidade de iniciativa. A partir daí, tornam-se condição para o enfrentamento e superação dos obstáculos elaborações teóricas que permitam a compreensão da real situação histórica que o continente enfrenta, com seus elementos de força e de fraqueza, suas correlações de força reais, concretas e globais, seus desafios e suas possíveis linhas de superação.

Desde que a hegemonia neoliberal se consolidou, a resistência a esse modelo e as lutas dos movimentos sociais, inclusive a organização do Fórum Social Mundial, deslocaram a reflexão para o plano da denúncia e da resistência, desfalcando a reflexão política e estratégica. Ou seja, partiu-se para a definição de um suposto espaço da sociedade civil como território privilegiado de atuação, em detrimento da política, do Estado e, com eles, dos temas da estratégia e da construção de projetos hegemônicos alternativos e de novos blocos sociais e políticos. Essa postura teórica rebaixou muito a capacidade de análise das forças antineoliberais, que quase se limitaram a exaltar as posturas de resistência e o valor das mobilizações de base, em contraposição às posições dos partidos e dos governos.

Os novos movimentos não contaram com uma atualização do pensamento estratégico latino-americano em que pudessem se apoiar, nem sequer com balanços das experiências positivas e/ou negativas anteriores. O que tornou ainda mais grave a situação foram as mudanças radicais – a passagem de um mundo bipolar para um mundo unipolar, sob a hegemonia imperial norte-americana, do modelo regulador para o neoliberal – operadas no período histórico, em escala mundial, com consequências para a América Latina. Entre elas, a regressão nos marcos de inserção dos países do continente no mercado mundial, resultado da abertura neoliberal e do debilitamento dos Estados nacionais.

Teorizações como as de Holloway e de Toni Negri apareciam como adequações a situações de fato que, ao invés de propor soluções estratégicas, tentavam fazer virtudes das carências. Embora distintas em seus desenhos teóricos, terminaram por acomodar-se à falta congênita de estratégia por parte dos que rejeitavam o Estado e a política para refugiar-se numa mítica "sociedade civil" e numa redutiva "autonomia dos movimentos sociais", renunciando às reflexões e às proposições estratégicas e deixando assim o campo antineoliberal despreparado para responder aos desafios da crise hegemônica, tornados mais claros a partir do momento em que a disputa hegemônica passou a entrar na ordem do dia.

Já analisamos como esse fator afetou o processo venezuelano, como o boliviano encontrou uma solução original e como o equatoriano se apoiou em soluções híbridas, porém criativas. O pós-neoliberalismo traz novos desafios teóricos que, pelas condições novas que as lutas sociais e políticas enfrentam no continente, iluminam uma prática necessariamente nova e, mais do que em qualquer outro momento, requerem reflexões e elaborações estratégicas que apontem para as coordenadas de novas formas de poder. As elaborações do grupo boliviano Comuna, como mencionamos, são uma exceção: constituem o mais rico conjunto de textos com que a esquerda latino-americana pode contar, um exemplo único em sua história pela capacidade de aliar trabalhos acadêmicos e elaborações individuais de grande criatividade teórica, de autores como Álvaro García Linera, Luis Tápia, Raúl Prada, entre outros, a intervenções políticas diretas, em condições tais que Linera tornou-se vice-presidente da República e Prada foi um importante parlamentar constituinte.

As dificuldades para a elaboração da teoria da prática que enfrenta hoje a esquerda latino-americana são devidas a vários fatores. Entre eles, podemos ressaltar a dinâmica assumida pela prática teórica, essencialmente concentrada nas universidades, que sofreu os efeitos da virada de período no plano acadêmico: ofensiva ideológica do liberalismo; aprisionamento na divisão do trabalho interno das universidades, em particular pela especialização; refúgio em posições apenas críticas, que tendem a ser doutrinárias sem desembocar em alternativas.

Por outro lado, os processos de superação real do neoliberalismo colocaram temas distantes da dinâmica de reflexão acadêmica. Temas como o dos povos originários e dos Estados plurinacionais, da nacionalização dos recursos naturais, da integração regional, do novo nacionalismo e do pós-neoliberalismo estão muito distantes dos temas usualmente abordados nos cursos universitários e daqueles privilegiados pelas instituições de fomento à pesquisa. Estas privilegiaram elaborações definidas pelas matrizes fragmentadas das realidades sociais, desvalorizando interpretações históricas globais, ao mesmo tempo que acentuaram a fragmentação entre as distintas esferas – econômica, social, política e cultural – da realidade concreta.

Além disso, é preciso acrescentar os efeitos da crise ideológica que afetou as práticas teóricas na transição do período histórico anterior para o atual, com a desqualificação dos chamados mega-relatos e a utilização generalizada da ideia de crise dos paradigmas. Com isso, abandonaram-se os modelos analíticos gerais e aderiu-se ao pós-modernismo, como as consequências apontadas por Perry Anderson[23]: estruturas sem história, história sem sujeito, teorias sem verdade – um verdadeiro suicídio da teoria e de qualquer tentativa de explicação racional do mundo e das relações sociais.

Temas essenciais para estratégias de poder, como o poder mesmo, o Estado, as estratégias, as alianças, a construção de blocos alternativos de forças, o imperialismo, as alianças externas, as análises das correlações de força, os processos de acumulação de forças, o bloco hegemônico, entre outros, ficaram deslocados ou praticamente desapareceram, em especial à medida que os movimentos sociais passaram a ocupar papel protagônico nas lutas antineoliberais. A passagem da fase defensiva para a de disputa hegemônica tem de significar – como significa nos textos do grupo Comuna e nos discursos de Hugo Chávez e de Rafael Correa – uma retomada dessas temáticas, uma atualização para o período histórico de hegemonia neoliberal e de luta desmercantilizadora. O refúgio na óptica de simples denúncia, sem compromisso com a formulação e a construção de alternativas políticas concretas,

---

[23] Perry Anderson, "El pensamiento tibio: Una mirada crítica sobre la cultura francesa", cit.

tende a distanciar parte significativa da intelectualidade dos processos históricos concretos que o movimento popular enfrenta no continente, condenando este a tentativas empíricas de ensaio e erro, na medida em que não conta com o apoio de uma reflexão teórica comprometida com os processos de transformação realmente existentes.

A tentação oposta é grande. Como Fidel Castro não é Lenin, Che não é Trotski, Hugo Chávez não é Mao Tsé-tung, Evo Morales não é Ho Chi Minh e Rafael Correa não é Gramsci, mais fácil seria rejeitar os processos historicamente existentes, porque não correspondem aos sonhos de revolução construídos no embalo de outras eras, a tentar decifrar a história contemporânea com seus enigmas específicos. Enfim, tentar reconhecer os sinais da nova toupeira latino-americana ou ficar relegado aos compêndios a que são reduzidos os textos clássicos pelas mãos medrosas e sectárias dos que têm medo da história.

O refúgio nas formulações dos textos clássicos é o caminho mais cômodo, mas também o mais seguro para a derrota. As derrotas não são explicadas por razões políticas, mas morais – e "traição" é a mais comum. A incapacidade de explicação política leva a visões infrapolíticas, morais. O diagnóstico de Trotski sobre a URSS é o modelo oposto: trata-se da explicação política, ideológica e social dos caminhos trilhados pelo poder bolchevique. Por isso, passou da tese da revolução "traída" à explicação substancial do Estado sob a hegemonia da burocracia.

A defesa dos princípios supostamente contidos nos textos dos clássicos parece explicar tudo, menos o essencial: por que as visões da ultra-esquerda, doutrinárias, extremistas, nunca triunfam, nunca conseguem convencer à maioria da população, nunca construíram organizações em condições de dirigir os processos revolucionários? Identificam-se aos grandes balanços das derrotas, mas nunca conduzem a processos de construção de forças políticas revolucionárias. Não por acaso, seu horizonte costuma ser a polêmica no interior da própria ultra-esquerda e as críticas aos outros setores de esquerda, sem protagonizar grandes debates nacionais, sem enfrentar centralmente a direita ou participar da disputa hegemônica. Aqueles que só aparecem nos espaços públicos para criticar setores de esquerda, muitas vezes valendo-se dos espaços midiáticos dos órgãos da direita, perderam a visão dos inimigos fundamentais, dos grandes enfrentamentos com a direita.

O desafio é encarar as contradições da história realmente existente, nas condições concretas dos países da América Latina hoje e decifrar os pontos de apoio para a construção do pós-neoliberalismo. O grupo Comuna soube fazer isso, porque releu a história boliviana, em especial a partir da Revolução de 1952, decifrou seu significado, fez as periodizações posteriores da história do país, compreendeu os ciclos que levaram ao esgotamento do período neoliberal, conseguiu desfazer os equívocos da esquerda tradicional em relação aos sujeitos históricos e realizou o trabalho teórico indispensável para o casamento entre a liderança de Evo Morales e o ressurgimento do movimento indígena como protagonista histórico essencial do período atual boliviano. Pôde assim recompor a articulação entre as práticas teórica e política e ajudar o novo movimento popular a abrir os caminhos de luta das reivindicações econômicas e sociais nos planos étnico e político.

Esse trabalho teórico é indispensável e só pode ser feito a partir das realidades concretas de cada país, articuladas com a reflexão sobre as interpretações teóricas e as experiências históricas acumuladas pelo movimento popular ao longo do tempo. A realidade é implacável com os erros teóricos. A América Latina do século XXI requer e merece uma teoria à altura dos desafios presentes.

Reforma e/ou revolução

Nas últimas décadas, a esquerda latino-americana oscilou entre projetos reformistas e projetos de ruptura, de luta armada. Os primeiros foram acusados de "reformistas"; os segundos, de "ultra-esquerdistas", "aventureiros". Congelar o universo das reformas sem romper com o sistema dominante, sem levantar a questão do poder, é afogar-se no universo da reprodução das relações sociais e políticas existentes. Por outro lado, destacar as demandas estratégicas sem vinculá-las profundamente à sensibilidade e aos interesses das grandes camadas do povo produz o sectarismo, as posições verbalmente radicais, mas incapazes de conquistar as mentes e os corações do povo. Uns e outros tiveram conquistas – melhorias sociais para as camadas populares, vitórias nos casos cubano e nicaraguense –, mas chegam ao século XXI com suas formulações originais esgotadas.

Os movimentos vitoriosos foram aqueles que conseguiram escapar das duas lógicas contrapostas e articulá-las: combinaram uma plataforma de reformas com formas de luta que permitiram a conquista do poder. A discussão proposta por Trotski em *Programa de transição*[24] apontava nessa direção, isto é,

[24] Leon Trotsky, *Programa de transição* (São Paulo, Informação, 1989).

reformas que o sistema dominante não é capaz de absorver, sob pena de sofrer golpes mortais. São reivindicações históricas por definição, mutáveis no tempo e no espaço, por isso chamadas "de transição"; funcionam para aprofundar as contradições do sistema e despertar a consciência social sobre elas.

Na realidade concreta, essas reivindicações tomaram formas distintas: "paz, pão e terra" na Rússia; a expulsão do invasor japonês e a revolução agrária na China; a derrubada da ditadura batistiana em Cuba; a expulsão do invasor norte-americano e a reunificação do país no Vietnã; a derrubada da ditadura somozista na Nicarágua. Sempre tiveram, no entanto, o caráter de reivindicações de transição, de passagem do capitalismo para o pós-capitalismo.

Na América Latina, os reformismos tradicionais, isto é, dos nacionalismos (destacam-se dentre eles o getulismo e o peronismo, além do PRI mexicano), assim como os governos tradicionais de esquerda, que no Chile tiveram dois exemplos significativos: o da Frente Popular, nos anos 1930, e o da Unidade Popular, nos anos 1970, mantiveram-se no plano das reformas do sistema, sem articulá-las com a questão do poder. Aparentemente, a Unidade Popular colocou-se a questão do poder quando propôs uma transição, ainda que gradual, do capitalismo para o socialismo; porém, como veremos mais adiante, não analisou as condições reais da derrota do poder vigente e da construção do poder alternativo. Acreditava que estas surgiriam da realização de um programa essencialmente econômico de reformas, como decorrência natural, e caiu num economicismo que a impedia de enfrentar outras fontes decisivas de poder, como as Forças Armadas, o imperialismo, a imprensa privada etc.

As revoluções cubana e sandinista conseguiram essa articulação entre luta antiditatorial e luta anti-imperialista, basicamente, e, no caso da cubana, anticapitalista. Outros processos de luta antiditatorial ou simplesmente de luta democrática encerraram-se sem uma projeção estratégica de ruptura, com o recente restabelecimento dos regimes democrático-liberais no Cone Sul do continente. Em outras experiências, absolutizaram a luta armada, com seu potencial militar de ruptura, desvinculadas da capacidade de captar os sentimentos e as necessidades imediatas da grande massa da população, isolando-se e sendo assim derrotadas.

No primeiro caso, as reformas se esgotaram no marco do sistema dominante; no segundo, não chegaram a romper o círculo estreito das organizações políticas ou político-militares.

A esquerda, sob o impacto do debate clássico entre Rosa Luxemburgo e Eduard Bernstein, foi sempre prisioneira da dicotomia entre reforma e revolução. Bernstein absolutizava o movimento, em detrimento dos objetivos finais, como se a acumulação de avanços parciais colocasse e resolvesse a questão do poder e da transformação anticapitalista. Rosa chamava a atenção para o fato de que as reformas podem definir um caminho de reestruturação do capitalismo, de ampliação de suas bases de apoio, ao qual Lenin se referiu como "aristocracia operária" ao designar os setores privilegiados dentro da própria classe operária.

O certo é que o reformismo ganhou conotação própria e tornou-se hegemônico ao longo da história da esquerda, especialmente sob a forma de adequação dos partidos socialdemocratas ao capitalismo ou de estratégias etapistas nos partidos comunistas, que nunca conseguiram superar sua fase inicial e permaneceram no reformismo, sem ruptura.

Na América Latina, essa foi a cara predominante da esquerda, sobretudo entre os anos 1930 e 1970, no bojo do processo de acumulação industrial em substituição às importações, seja em sua versão nacionalista (como nos casos mais conhecidos do México, do Brasil e da Argentina), seja na aliança socialista-comunista (como nos casos, entre outros, do Chile e do Uruguai).

Essa lógica quase espontânea no interior da esquerda, no marco das políticas de desenvolvimento e de modernização, foi contemporânea da expansão do mercado interno de consumo popular, da democratização dos sistemas de educação e de saúde públicas e da extensão da sindicalização urbana e rural, identificadas com itens do programa de reformas democráticas, antioligárquicas e anti-imperialistas. Enquanto foram funcionais para o processo de acumulação industrial, puderam realizar-se; quando o processo de substituição de importações se esgotou, desfez-se a aliança entre o movimento sindical e setores da classe média e da burguesia industrial, esvaziando a viabilidade da estratégia de reformas. A experiência chilena da Unidade Popular foi a solitária tentativa de aprofundar esse processo; já sem alianças com setores da burguesia, se viu asfixiada dentro do aparelho de Estado e finalmente derrubada por um golpe militar, apoiado pelo conjunto da burguesia.

Porém, a lógica reformista sobrevive, adaptando-se às novas conjunturas políticas pelo próprio caráter de reação espontânea do movimento popular aos ataques do neoliberalismo contra os seus direitos. Deve-se levar em conta que o ressurgimento dos projetos de reformas ocorre num marco de relações de classe distinto, com graus muito mais extensos e profundos de internacionalização das burguesias do continente e de precarização das relações de trabalho, com o consequente enfraquecimento do movimento operário e dos sindicatos.

O período atual é um novo desafio para a capacidade da esquerda de superar dicotomias que mais dificultam do que favorecem a formulação de estratégias que articulem teoria e prática, realidade concreta e proposições estratégicas. Os processos vitoriosos apresentam um rico ensinamento dessa capacidade e fizeram dos responsáveis por suas formulações – Lenin, Trotski, Mao Tsé-tung, Ho Chi Minh e Fidel Castro – os maiores estrategistas da esquerda. Em nenhum desses processos houve transcendência de um projeto de reformas para outro, revolucionário. Em nenhum deles houve uma proposição em estado puro de uma ruptura do capitalismo em favor do socialismo. Todos nasceram de necessidades concretas – derrubada do czarismo, expulsão dos invasores, revolta contra as ditaduras –, mas as direções que tomaram essas lutas impuseram uma dinâmica que foi à raiz do problema e, além disso, apontaram para a ruptura com o sistema imperial de dominação e, com ele, com o sistema capitalista subjacente.

Nenhum projeto reformista superou o processo de reformas para transformar-se em projeto revolucionário. Nenhuma proposta doutrinária – diretamente socialista – jamais triunfou. Os primeiros esgotaram-se dentro do sistema ou foram derrubados, sem terem conseguido construir os instrumentos de resistência de massas e um poder popular alternativo que possibilitasse a superação do cerco do aparelho de Estado existente. As segundas não chegaram a conquistar apoio significativo de massas nem conseguiram formular projetos estratégicos arraigados na realidade concreta.

A caracterização feita por Gramsci de que a Revolução Russa foi uma revolução "contra o capital" tem vários significados. Um deles – e que acabaria se tornando trágico – aponta para o fato de ela ter ocorrido na periferia do capitalismo e ter assumido a tarefa de romper o cerco para que a luta anticapitalista tivesse a possibilidade de tornar-se efetivamente a incorporação, a negação e a superação do capitalismo nos países mais avançados. O objetivo não foi alcançado nem na crise do primeiro pós-guerra, quando as tentativas revolucionárias na Alemanha foram derrotadas e a solução acabou vindo da extrema direita, nem depois, quando a URSS foi isolada e o processo revolucionário avançou na direção oposta, rumo aos países mais atrasados, da Ásia.

Outro significado é que toda revolução é necessariamente heterodoxa. Nenhuma fórmula revolucionária se repetiu ao longo do tempo: todas são únicas, representam uma combinação ímpar de múltiplos fatores, combinação que faz com que as revoluções sejam a exceção e não a regra no desenvolvimento da história. A lista de fatores que possibilitam a eclosão de uma revolução, segundo Lenin, reúne fatores subjetivos e objetivos, combinando-os num momento determinado que não se prolonga no tempo. A arte da insurreição consiste em colher esses fatores em seu melhor momento de combinação.

Lenin fala de situação revolucionária e de crise revolucionária. A primeira ocorreria quando as forças se polarizam de tal maneira em um país que os de baixo não suportam mais viver como antes e os de cima não conseguem continuar dominando. A crise revolucionária ocorre quando uma direção política consegue conduzir essa polarização para uma saída revolucionária.

Como disse corretamente Gramsci, Lenin referia-se à estratégia em sociedades atrasadas, nas quais os eixos determinantes do poder se articulam em torno do aparelho do Estado, cuja posse permitiria desarticulá-los e partir para a construção de um novo poder. Em termos gramscianos, a hegemonia nessas sociedades apóia-se fundamentalmente na coerção, e não nos consensos. Tal análise aponta para a construção, muito mais complexa, de estratégias políticas em sociedades em que o poder se assenta sobre consensos fabricados e os eixos do poder são coordenados pelo aparelho de Estado, mas seus pilares determinantes se situam fora dele. Assim, construir uma estratégia de poder nessas sociedades consiste em construir projetos hegemônicos alternativos (contra-hegemônicos) que desembocarão no aparelho do Estado, mas cujas batalhas determinantes se darão nas extensas e complexas tramas das relações econômicas, sociais e ideológicas da sociedade em seu conjunto.

O problema é que essa proposta de Gramsci parece chocar-se com um dos princípios básicos do marxismo, aquele que afirma que "as ideias dominantes são as ideias das classes dominantes" nas sociedades de classe. Essa determinação é estrutural, porque a ideologia não se resume a uma construção de ideias no plano cultural, mas nasce das entranhas do processo de acumulação capitalista, das relações entre capital e trabalho, das formas de apropriação da mais-valia, da alienação como fenômeno antes de tudo econômico, que se espraia pelo conjunto das relações sociais e culturais. O sentimento de estranhamento que temos diante do mundo que nós mesmos criamos, e no qual não nos reconhecemos, vem das relações de produção, do processo de produção de riqueza, que separa a produção do produtor e impede que este reconheça a riqueza criada por seu trabalho.

Essa ruptura entre sujeito e objeto, entre história e natureza, entre produtor e produto, entre homem e mundo reproduz cotidianamente, em todos os rincões da sociedade, os mecanismos da alienação. Surge daí, teórica e politicamente, a questão de como, nessas condições, construir um projeto contra-hegemônico, como romper com a hegemonia da ideologia dominante. Enfim, impõe-se o desafio: como construir uma hegemonia prévia do bloco de classes alternativo antes do acesso ao Estado, ao poder nacional?

Na realidade, a força ideológica alternativa é fundamental para a construção de sujeitos alternativos. No caso da Bolívia, por exemplo, isso se deu pela reunificação da força política e pela reassunção de sua identidade ideológica como indígenas. A vitória boliviana – que, nesse caso, foi eleitoral – resultou de um longo e profundo processo de mobilização e luta decorrido na meia década anterior. A construção do projeto alternativo se fará em condições superiores, desde o governo, que poderá mobilizar mais energias e dispor de melhores instrumentos para a sua elaboração. Antes de ser dominante, o movimento indígena boliviano tornou-se dirigente, protagonizou e organizou um bloco de forças alternativo, dotado de uma plataforma básica – nacionalização dos recursos naturais, reforma agrária, convocação da Assembleia Constituinte –, e mostrou que essa combinação é possível. Ela requer compreensão das relações de força reais, da dinâmica dos enfrentamentos, da força e da debilidade de cada um dos blocos que se opõem.

Para compreender melhor as condições de construção de projetos contra-hegemônicos, vamos nos deter um pouco nas duas lógicas que devem ser entendidas e superadas para, em seguida, podermos partir da análise concreta da realidade concreta, em sua totalidade e em suas contradições, em suas determinações estruturais e em seu potencial transformador.

A lógica ultra-esquerdista

Ultra-esquerda é uma categoria política que povoa a história da esquerda em escala mundial. Não vamos retomar essa trajetória aqui; basta mencionarmos as análises de Lenin em *O esquerdismo, doença infantil do comunismo*[25] e de Trotski em *Revolução e contra-revolução na Alemanha*[26] para remetermos a dois momentos de sistemática e rigorosa análise e crítica do fenômeno.

---

[25] Vladimir Lenin, *O esquerdismo, doença infantil do comunismo* (5. ed. São Paulo, Global, 1981).

[26] Leon Trotski, *Revolução e contra-revolução* (São Paulo, Livraria Editora Ciências Humanas, 1979).

A Revolução Russa, como toda revolução vitoriosa, não se fez conclamando à derrota do capitalismo e à construção do socialismo. Ao contrário, catalisou as necessidades essenciais do povo russo – "paz, pão e terra" – e conduziu-as numa dinâmica que se chocou não apenas com o czarismo, mas também com o capitalismo e as alianças entre a Rússia e as potências capitalistas ocidentais. Esta é a arte da direção revolucionária: a capacidade de articular as demandas imediatas, ou programa mínimo, com os objetivos estratégicos, ou programa máximo, o que permite resolver de maneira revolucionária a questão do poder. Em outras palavras, rearticular de forma dinâmica, não segmentada ou corporativa, e menos ainda contraposta, os termos "reforma" e "revolução".

Setores da ultra-esquerda russa pretendiam instalar de imediato o socialismo e expropriar todos os setores vinculados, de uma ou de outra forma, ao capitalismo. Opuseram-se aos acordos de Brest-Litovsk, pelos quais o novo poder soviético buscava encontrar condições de convivência pacífica com a Alemanha para assim começar a reconstruir-se a partir dos destroços da guerra. Opuseram-se também à Nova Política Econômica (NEP), comandada por Lenin para incentivar a reativação da economia dos pequenos e médios proprietários rurais e recuperar a capacidade de produção e de abastecimento do mercado interno, em especial o urbano, para conter o risco de fome generalizada pelo cerco do campo, onde a contra-revolução branca se prolongava com o apoio militar direto de tropas de mais de quinze exércitos estrangeiros e com o fracasso da revolução na Alemanha, que, se tivesse logrado, poderia ter evitado o isolamento e o cerco do governo bolchevique.

Se, imediatamente após o triunfo da revolução, decretou-se um sistema de comunismo de guerra – simplesmente repartindo o que se tinha da forma mais igualitária possível, como que socializando a miséria –, com o fim da guerra houve forte assédio interno para que se retomasse o desenvolvimento econômico e se garantisse o abastecimento de gêneros de primeira necessidade, em particular nas cidades. Foi com esse objetivo, e como resposta a uma situação defensiva, que o governo decretou a política da NEP. Para os setores da ultra-esquerda, tratou-se de uma traição dos ideais revolucionários, de uma capitulação de Lenin, de Trotski e de seus companheiros de revolução. O acerto daquela política ficou clara poucos anos depois, quando a mudança de política feita por Stalin não resolveu a questão no campo, os camponeses intensificaram o desabastecimento e a nova direção da revolução teve de apelar para a pior das soluções: a expropriação violenta das terras e a morte de milhões de camponeses por fome. Não resolvida, a questão agrária foi formalmente retirada da pauta pela porta da frente e retornou pela janela de maneira explosiva, definindo um dos pontos frágeis da Revolução Russa. Até o fim da URSS, essa foi uma questão que nunca pôde ser resolvida.

As posições de ultra-esquerda têm dificuldade para compreender as derrotas, as regressões, as mudanças negativas nas relações de força. Tendem a reduzir as análises e os diagnósticos a teses de "traição" das direções, para as quais costumam encontrar confirmações na quantidade de casos de direções que se burocratizaram, se corromperam e renegaram ideais e plataformas. Mas os balanços críticos que não levam a alternativas, tampouco conseguem construir força de massa para suas teses, acabam fazendo parte da derrota, pois não se convertem em soluções.

As crises geradas pela Primeira Guerra Mundial confirmaram a previsão de Lenin, que dizia que uma revolução nunca é tão difícil como no início de uma guerra, quando o chauvinismo predomina e concita à unidade nacional contra os outros países, mas nunca se torna tão provável como no transcurso da guerra. Essa previsão foi confirmada pela vitória soviética e, posteriormente, quando ficou claro o caráter interimperialista da guerra e se viu que os povos entraram como bucha de canhão numa disputa que lhes concernia. Foi assim que na Alemanha e na Itália, apesar da possibilidade de revolução surgida com o sofrimento e as derrotas da guerra, as tentativas revolucionárias malograram, deixando o campo livre para que o fascismo e o nazismo – contra-revoluções de massas – impusessem suas soluções para a crise.

Na Alemanha, inconscientes da força e do perigo do nazismo, os partidos socialdemocrata e comunista não puseram a necessidade da unidade contra o inimigo comum acima de suas divergências e facilitaram a ascensão de Hitler, que reprimiu a todos. Os comunistas chamavam os socialdemocratas de "socialfascistas"; diziam que eram socialistas de palavra e fascistas de fato e que abririam caminho para a ascensão do nazismo. Os socialdemocratas acusavam os comunistas de serem expressões do totalitarismo soviético, algo muito semelhante ao nazismo. Trotski fez um duro balanço das posições ultra-esquerdistas de ambos. Eles não souberam compreender que o nazismo era o inimigo fundamental de toda a esquerda, subestimaram sua força e facilitaram sua ascensão.

Mais recentemente tivemos exemplos típicos de posições ultra-esquerdistas na China, no período da Revolução Cultural, e no Camboja, logo depois da derrota dos Estados Unidos. Divergindo das orientações soviéticas a respeito da construção do socialismo e das relações com o imperialismo norte-americano, a China passou a afirmar que a URSS estaria reinstaurando o capitalismo, tomando como definição mesma de indução ao estilo de vida capitalista a importação de uma fábrica de automóveis (a Fiat) da Itália – sediada numa cidade batizada de Togliattigrado em homenagem ao ex-dirigente do PC italiano. Como grande potência capitalista numa era imperialista, nessa análise, os soviéticos seriam uma nova potência imperialista, tal como os Estados Unidos. Enquanto os norte-americanos representariam um imperialismo decadente, a URSS era caracterizada como força ascendente e, por isso, considerada mais perigosa e que deveria ser atacada como o inimigo fundamental.

Criada a situação, a China empenhou-se em combater a URSS e todas as forças e governos que pareciam contar com seu apoio. Chegou a apoiar os governos racistas na África do Sul e ditatoriais no Chile porque resistiram aos projetos "expansionistas" dos soviéticos. O governo cubano foi chamado de "braço armado do imperialismo soviético" porque ajudou os angolanos a resistir à invasão sul-africana.

A lógica da posição chinesa – reproduzida muitas vezes por outras forças de ultra-esquerda – é que, se não conseguisse desalojar a URSS do lugar que ocupava, a China não teria espaço no mundo para ampliar sua liderança. Daí a violência e a reiteração dos ataques aos soviéticos e – o que também acontece com outras forças que adotam posição similar – a aliança com o imperialismo decadente (o norte-americano) para tentar liquidar o inimigo fundamental (o soviético). Essa aliança, firmada com a visita de Richard Nixon à China, deu início à chamada diplomacia do pingue-pongue.

Para completar, apesar do imenso retrocesso que seria para a primeira revolução socialista da história instaurar o capitalismo na URSS e tornar-se uma potência imperialista, a China continuava a apregoar que a revolução ainda estava de pé e que o imperialismo era um "tigre de papel", concitando os povos do mundo a se rebelar, como se nada houvesse acontecido, e a alterar as relações de força no mundo.

No Camboja, assistiu-se a uma das mais trágicas experiências de sectarismo em governos de esquerda. Foi posta em prática uma versão ainda mais radical do diagnóstico feito pela Revolução Cultural chinesa segundo o qual o capitalismo, sua cultura e suas cidades corrompem as pessoas, ao contrário da vida pura no campo. Milhões de pessoas foram deslocadas para proletarizar-se no campo, e grande parte delas acabou executada. Induzido por uma visão dogmática e sectária dos efeitos da ideologia capitalista e da cultura moderna, o regime vietnamita produziu uma "limpeza" ideológica brutal, até que foi derrubado pelo antigo governo, ele mesmo vítima de uma invasão da China sob a alegação de que havia se tornado agente da URSS.

As correntes mais radicais no interior da esquerda – entre elas, o maoísmo e o trotskismo – caracterizaram-se pela crítica às tendências predominantes na esquerda, as correntes reformistas. Foram sempre passíveis de cair nessa visão crítica, mas nunca tiveram capacidade de construir forças de massa – fenômeno mais típico das correntes trotskistas. No campo intelectual, mais compreensivelmente, ocupam espaço importante as tendências críticas, que conseguem apontar erros, ou "desvios", das forças políticas, mas por sua própria natureza de intelectuais (não são forças políticas) não se habilitam a formular alternativas superadoras dos problemas que logram apontar, mesmo quando seus diagnósticos chegam a ser corretos. Muitas vezes, as visões críticas surgem a partir do contraste com o que se consideram princípios da teoria revolucionária; em outras, do que se considera incoerência interna dos projetos. Essas correntes são interlocutoras fundamentais da prática política, mas, com frequência, não conseguem resistir à tentação das visões de ultra-esquerda porque privilegiam a teoria em detrimento das condições concretas de luta, o que não lhes permite apreender os dilemas impostos pela prática concreta.

Qual é a lógica contemporânea do ultra-esquerdismo, tão disseminada nesses tempos de forte capacidade de cooptação liberal e de contradição entre as condições de esgotamento histórico do capitalismo e de regressão das condições históricas do socialismo?

Em um texto relativamente sistemático[27], James Petras – uma das expressões mais significativas dessas posições ultra-esquerdistas – propõe-se a desenvolver uma análise da trajetória histórica da esquerda para compreender o presente e o futuro da política revolucionária. Ele o faz como resposta a um texto de Perry Anderson[28] escrito em 2000, quatro décadas depois de assumir a direção da *New Left Review* e inaugurar uma nova fase na revista.

---

[27] James Petras, *Notes toward an understanding of revolutionary politics today*, mimeo (disponível em <http://links.org.au/node/105>).

[28] Perry Anderson, "Renewals", *New Left Review*, jan.-fev. 2000 (disponível em <http://newleftreview.org/A2092>).

Ali, Anderson compara as condições no começo do novo século com aquelas que viveu ao assumir a publicação.

Em conformidade com a lógica de suas posições, Petras incorpora ao seu texto notas de extrema agressividade, tentando desqualificar Perry Anderson como intelectual que teria aderido a "um certo centrismo apolítico", em função de uma visão derrotista, de "auto-flagelação" da esquerda, de capitulação diante da força do neoliberalismo. Essa linguagem concorda com o conteúdo das posições de Petras, e dos que assumem posturas similares: a desqualificação dos que são criticados se justificava por terem abandonado a esquerda, "capitulado", e defender posições aparentemente de esquerda, mas que já não teriam nada a ver com elas. Portanto, teriam de ser não apenas contestados, como também desqualificados, "desmascarados", para deixar de ter um papel negativo dentro da esquerda.

Mas qual foi o balanço de Anderson em 2000? Ele parte da comparação daquele período com os anos 1960, arranjando as diferenças entre eles em três níveis distintos: histórico, intelectual e cultural.

Na década de 1960, "um terço do planeta tinha rompido com o capitalismo". Enquanto Nikita Kruchov propunha reformas na URSS, a China mantinha seu prestígio, eclodia a Revolução Cubana nas Américas, os vietnamitas combatiam com sucesso a ocupação dos Estados Unidos e o capitalismo se sentia ameaçado. Intelectualmente, iniciava-se "um processo de descoberta de tradições afogadas da esquerda e do marxismo", começando a circular "alternativas de um marxismo revolucionário". Culturalmente, em comparação com "a atmosfera conformista da década de 1950", o rock e o cinema de autor davam uma conotação de rebeldia àquela década.

Quatro décadas depois, o clima não poderia ser mais contrastante. "O bloco soviético desapareceu. O socialismo deixou de ser um ideal generalizado. O marxismo já não predomina na cultura da esquerda." A década de 1990 trouxe "a consolidação praticamente inquestionável, unida à sua difusão universal, do neoliberalismo".

Cinco processos interconectados transformaram radicalmente o cenário:

1) o capitalismo estadunidense reafirmou seu predomínio em todos os campos (econômico, político, militar e cultural);
2) a socialdemocracia europeia deu um giro em direção ao neoliberalismo;
3) o capitalismo japonês entrou em profunda e prolongada recessão, enquanto a China caminhava na direção do ingresso na OMC e a Índia, pela primeira vez em sua história, passava a depender da boa vontade do FMI;

4) a nova economia russa não provocou reações populares, apesar da catastrófica regressão imposta ao país;
5) o neoliberalismo impôs enormes transformações socioeconômicas, acompanhadas de dois movimentos, um político e outro militar:
   - ideologicamente, o consenso neoliberal estendeu-se a partidos que reivindicavam para si a "terceira via", como o Partido Trabalhista de Tony Blair na Inglaterra e o Partido Democrata de Bill Clinton nos Estados Unidos; com isso, parecia que o "pensamento único" e o Consenso de Washington se confirmavam, pois a mudança de governo nos dois bastiões do neoliberalismo não significou alteração de modelo, mas sua reprodução;
   - militarmente, a guerra dos Bálcãs inaugurou as "guerras humanitárias", um tipo de intervenção militar feita em nome dos "direitos humanos".

Entre a intelectualidade, antes predominantemente socialista, destacavam-se duas reações principais: a primeira, de acomodação, em que o capitalismo, de mal evitável, passou a "ordem social saudável, necessária e equilibrada", promovendo a superioridade da empresa privada; a segunda, de consolo, ou seja, a necessidade de manter uma mensagem de esperança levava a superestimar a importância dos processos contrários, como se fossem estes que dessem a tônica do período.

Como resultado, tendia a prevalecer a ideia de que a democracia havia substituído o socialismo, "como esperança ou como reivindicação", apesar do esvaziamento da prática democrática, limitando assim o horizonte histórico ao realmente existente – a democracia liberal e a economia capitalista de mercado, como propunha Francis Fukuyama.

Diante desse quadro inquestionável, Anderson conclui que

> o único ponto de partida para uma esquerda realista nos nossos dias é uma lúcida constatação de uma derrota histórica. [...] No horizonte não aparece ainda nenhum projeto coletivo capaz de se medir com o poder do capital. [...] Pela primeira vez, desde a Reforma, já não se dão oposições significativas, isto é, perspectivas sistematicamente opostas, no seio do mundo do pensamento ocidental. [...] o neoliberalismo como conjunto de princípios impera sem fissuras em todo o globo: a ideologia de mais sucesso na história mundial.

Todo o horizonte de referências em que se formou a geração da década de 1960 foi praticamente varrido do mapa.

A análise de Anderson completa o balanço que fez do neoliberalismo em 1994 e que permaneceu como a melhor visão geral do novo modelo hegemônico. Já naquele momento, ele chamava atenção para a abrangência e a profundidade desse modelo, que impunha modificações radicais no modelo keynesiano e estendia as relações mercantis a espaços nunca antes atingidos pelo capitalismo, como os ex-países socialistas, incluídos a URSS, os países do Leste europeu e a China. O modelo se iniciara pela extrema-direita para então incorporar sucessivamente as forças nacionalistas e, depois, socialdemocratas, produzindo o contraponto a Richard Nixon, que nos anos 1970 afirmara: "Somos todos neoliberais".

É contra essa análise que James Petras reage com vigor, num estilo de denúncia, e tenta articular uma interpretação da evolução da esquerda que, em sua visão, não cairia na ilusão liberal e no derrotismo. Segundo ele, "em períodos de ascensão contra-revolucionária, em seguida a derrotas temporárias ou de dimensão histórica", muitos intelectuais até ali radicais se voltam para suas "origens de classe", rendendo-se às "virtudes das ideologias de direita", consideradas, segundo ele, "invencíveis e irreversíveis". Cometeriam o erro de destacar uma "configuração particular que destacaria apenas uma dimensão" da realidade, num enfoque sem raízes históricas.

Petras pretende desfazer uma visão que atribuiria aos anos 1950 o predomínio de um conformismo, às duas décadas seguintes, a expansão revolucionária e ao período de 1980 a 2000, a derrota e a dissolução. Relaciona uma série de lutas nos anos 1950, nenhuma delas essencial, para tentar demonstrar que houve mobilizações – mas isso não muda o quadro político geral de estabilidade capitalista, inegável.

Como sempre, é difícil para o pensamento político de esquerda reconhecer derrotas, reveses e regressões políticas. A década de 1950 foi inquestionavelmente o auge da hegemonia norte-americana. Eric Hobsbawm caracteriza o ciclo longo expansivo que vai do segundo pós-guerra até meados dos anos 1970 como "o ciclo de ouro do capitalismo"[29], quando houve a combinação das locomotivas do capitalismo central que, naquele ciclo, tiveram sua expansão econômica sincronizada: Estados Unidos, Alemanha e Japão. Já é notável o fato de estas últimas nações terem alcançado tal categoria, depois de terem sido destruídas durante a Segunda Guerra e recons-

---

[29] Eric Hobsbawm, *A era dos extremos: o breve século XX – 1914-1991* (São Paulo, Companhia das Letras, 1995), p. 253.

truídas, juntamente com a economia italiana, com o apoio do Plano Marshall, financiado pelos Estados Unidos. Essa expansão coincidiu com a de países da periferia capitalista, como Brasil, Argentina e México, assim como de setores não capitalistas, que acabaram contribuindo para os índices de expansão sob a hegemonia do mercado capitalista mundial.

Hobsbawm considera que, nessa década, os Estados Unidos impuseram de maneira irreversível sua superioridade econômica e tecnológica à URSS, mas os efeitos disso só apareceriam claramente uma ou duas décadas depois. Apoiada no rearmamento para a Segunda Guerra, a economia estadunidense recuperou-se da crise de 1929 ainda no fim da década de 1930 e desfrutou da expansão já nos anos 1940, enquanto a Europa e o Japão eram novamente destruídos.

Por mais que se possam apontar mobilizações importantes na década de 1950, trata-se na verdade de medir a hegemonia nesse período, o que não significa ater-se à força dos setores anti-hegemônicos. Para Petras, "é uma distorção monstruosa referir-se aos anos 1950 como um período de 'conformismo'", mas ele não dá conta de que foi um período de consenso ideológico muito grande em torno do "modo de vida estadunidense".

Ele cita fenômenos políticos que contradiriam a visão de Perry Anderson: a presença de partidos comunistas poderosos na Grécia, na Itália, na França e na Iugoslávia; as revoltas na Hungria, na Polônia e na Alemanha Oriental; o ressurgimento da esquerda na Inglaterra e nos Estados Unidos; a vitória vietnamita contra a França, em 1954; e aquilo que ele considera a preparação para a década seguinte, ou seja, o apoio à guerra da Argélia, as lutas camponesas que teriam desembocado nas revoluções cubana e indochinesa.

Esses exemplos são claramente insuficientes para contrapor a grande estabilização e consolidação da hegemonia capitalista que caracterizou a década. O procedimento é típico da lógica ultra-esquerdista: tomar alguns exemplos, sem medir seu peso na correlação geral de forças. Uma análise política de conjuntura não pode restringir-se a exemplos da suposta força do campo da esquerda. Uma análise política que não seja uma visão descritiva, que pode ter função jornalística, ou até mesmo acadêmica, e pretenda destrinchar o campo dos grandes enfrentamentos de classe tem de concentrar-se na correlação de forças, compreendendo que a relação de forças é transitiva, refere-se à força própria em relação à força do campo oposto.

Nesse sentido, não há como deixar de ressaltar o fortalecimento do bloco ocidental e a reafirmação da liderança estadunidense, num marco de reconstrução com bases muito modernas na Alemanha, no Japão e na Itália, conduzida nos três casos por forças conservadoras.

Essa incapacidade de caracterizar uma década por seus aspectos dominantes é patente no afã com que Petras nega a contraposição de Anderson entre o relativo conformismo da década de 1950 e a radicalização da década seguinte. Para Petras: "Se a década de 1950 não foi um período de conformismo em escala mundial, a de 1960, em suas manifestações, tampouco foi uma era de expansão revolucionária uniforme"[30]. O desenvolvimento histórico funda-se, em suas características essenciais, em movimentos desiguais, portanto, nenhum período pode ser caracterizado de modo homogêneo em uma ou outra direção. Daí a inadequação do uso da palavra "uniforme" para definir um período histórico qualquer.

Reconhecendo a ascensão das lutas de massa na América do Norte, na Europa e em regiões do Terceiro Mundo, Petras considera que houve importantes reversões em países de peso e várias contradições e tendências conflitivas nos movimentos de massas. A resultante seria uma reavaliação positiva e um desenvolvimento criativo do pensamento marxista e sua extensão a novas áreas, com a abordagem de novos problemas.

Ele valoriza as lutas na Indochina, em Cuba e em outros países onde as lutas camponesas tiveram novas formulações estratégicas, embora considere que parte da produção intelectual não contribuiu politicamente, em grande medida por desconhecer o papel do imperialismo no mundo contemporâneo. O próprio movimento de contracultura é desqualificado por ele: promotor do individualismo, foi finalmente cooptado por "populismos de mercado" e tão permeado de drogas que, segundo ele, "o ópio se tornou o ópio da esquerda".

Para Petras, "a questão teórica é que há laços entre algumas variantes da vida intelectual e política nos anos 1960 e 1970 e a virada à direita dos anos 1990: as substanciais diferenças na atividade política nos dois períodos, particularmente no mundo anglo-saxão, estão conectadas pelas práticas culturais e valores individualistas pseudo-radicais"[31].

A chave do problema estaria numa profunda divisão entre os pensadores anti-imperialistas e os marxistas ocidentais. Estes teriam negado a importância das lutas na Indochina, na América Latina e no Sul da África, dando uma

---

[30] James Petras, *Notes toward an understanding of revolutionary politics today*, cit.

[31] Idem.

conotação depreciativa à expressão Terceiro Mundo, já que o foco de atenção seriam os países centrais do capitalismo. Os teóricos do anti-imperialismo, por sua vez, teriam enfocado as relações entre o centro e a periferia ora de uma perspectiva globalista abstrata, como Samir Amin, Gunder Frank e Immanuel Wallerstein, ora de um ponto de vista de classes.

Por outro lado, os golpes militares no Brasil e na Indonésia, apoiados pelos Estados Unidos, teriam interrompido os dois processos nos maiores e mais promissores países do Terceiro Mundo. Além desses, Petras inclui no item "contra-revoluções na revolução" a virada na China, que teria aberto caminho para o que seria a "restauração capitalista" no fim dos anos 1970. Ao mesmo tempo, o movimento anti-stalinista de Kruchov teria sido derrotado pelo "aparato repressivo".

A incapacidade de Petras de captar a síntese global das correlações de força revela-se mais claramente na passagem para uma década de nítida reversão contrária ao campo popular e favorável ao campo imperialista: a década de 1990. Ele a aborda num texto intitulado "Restauração, imperialismo e revolução na década de 1990", em que se vê que a inserção deste último elemento pretende fortalecer sua presença mesmo nessa década.

Em sua principal asserção sobre o novo período, Petras afirma que "certamente apenas uma avaliação anistórica [...] pode proclamar que a década foi um período de derrotas sem precedente histórico, que supera qualquer antecedente na história". Ele compara esse período a outro, que iria do começo da década de 1930 ao início da de 1940 e em que teria havido um enorme retrocesso e uma devastação sem precedentes da esquerda na Europa, por repressão física, isolamento ou cooptação.

Nada similar teria acontecido na década de 1990.

> A hegemonia dos EUA, um conceito na verdade vazio, que aumenta o papel da "persuasão política", é totalmente inapropriada quando consideramos o caráter e a dimensão [...] da violência no passado recente e seu uso continuado de forma seletiva mais evidente na atualidade.

Dessa maneira, Petras calcula as mudanças nas relações de força entre os campos a partir da dimensão da repressão e não da capacidade hegemônica do imperialismo, como síntese da força e da persuasão. Se os períodos são, de alguma forma, incomensuráveis, fica claro que Petras subestima a dimensão da vitória do campo imperialista no novo período, iniciado na década de 1990.

De 1930 a 1940, o que se viu foi o fortalecimento da URSS, o enfraquecimento ideológico do liberalismo devido à Grande Depressão, a segunda guerra sucessiva na Europa, que, como guerra interimperialista, atacou os cimentos do capitalismo europeu e gerou condições para que a esquerda se fortalecesse, e, somado a tudo isso, a luta dos partidos comunistas contra o fascismo e o nazismo, consolidando o prestígio internacional da URSS.

Assim, ainda que tenha tido um caráter estratégico, a defensiva que a esquerda teve de assumir nesse período – expressa sobretudo pelo VII Congresso da Internacional Comunista, quando foram aprovadas as teses de frente única antifascista de Dimitrov –, não se deu no marco de destruição política e ideológica do campo de esquerda, como aconteceria na década de 1990.

Fazendo um relato descritivo dos movimentos de resistência ao neoliberalismo, Petras perde o essencial: as duas mudanças estratégicas fundamentais na passagem para a década de 1990, com todas as consequências que isso teve. Refiro-me à passagem do mundo bipolar para o mundo unipolar, sob a hegemonia dos Estados Unidos, e à passagem do modelo keynesiano para o neoliberal.

A combinação de ambos e suas consequências – das quais a mais fundamental é a hegemonia do "modo de vida norte-americano" como valor e estilo de vida – impõem ao novo período um caráter global de regressão ou, mais além, de contratendência, que não chega a anular a direção essencialmente negativa das transformações nas correlações de força.

A desaparição do mundo unipolar não representa apenas a passagem para um mundo sob a hegemonia de uma única superpotência de caráter imperialista. Representa também o distanciamento do poderio dos Estados Unidos em relação às outras potências. A segunda grande potência mundial, a URSS, desapareceu e as economias japonesa e alemã estagnaram. Como a força de um país não é definida em comparação com desempenhos passados, mas com a força dos outros países, os Estados Unidos ingressaram no novo período mais fortes do que nunca.

As consequências no campo da esquerda foram devastadoras: retrocesso ideológico, com questionamento de tudo que de certo modo tivesse a ver com o socialismo (Estado, partido, mundo do trabalho, planejamento econômico, socialização etc.) e político, com queda à direita da socialdemocracia, ruptura das alianças com os partidos comunistas, enfraquecimento destes e dos sindicatos, proliferação dos governos de direita etc. Qualquer avaliação global da década de 1990 conduz à constatação de que houve uma mudança radical na correlação de forças entre os blocos. A própria desaparição da URSS e do campo socialista significou não sua transformação em regimes mais à esquerda, mas o restabelecimento do capitalismo, na modalidade neoliberal. O socialismo, que desde a vitória da Revolução Bolchevique fez parte da história do século XX, praticamente desapareceu, sendo substituído pela luta antineoliberal. O capitalismo estendeu sua hegemonia como nunca antes na história.

A própria comparação da década de 1990 com a década atual na América Latina confirma como a primeira foi regressiva. Foi somente no fim dela que surgiu o primeiro governo antineoliberal, o da Venezuela; embora tenha havido formas distintas de resistência ao neoliberalismo, foi num marco de defensiva. Mas foi somente com essa força acumulada na fase defensiva que se pôde passar para a atual luta hegemônica, configurando uma mudança favorável ao campo popular.

A visão ultra-esquerdista não incorpora essas transformações regressivas, aferrando-se a um dos elementos permanentes de sua concepção, ou seja, a contínua vigência da questão da revolução. Nada mais lhe resta senão acusar as direções políticas de "traição", jogando sobre elas a responsabilidade pelo fato de a revolução não se realizar. Originalmente, essa análise remonta a Trotski, para quem, postas as condições objetivas para a revolução, esta só não se daria se houvesse "traição" das direções, que se burocratizavam, defendiam interesses próprios, conciliando-os com os interesses das classes dominantes, e abandonavam o campo da revolução e da esquerda.

Esse tipo de análise se fundamenta também no que dizia Lenin a respeito da "aristocracia operária": um destacamento da classe operária que se identifica com a dominação colonial e/ou imperial e aponta para as bases sociais de processos de representação política.

No entanto, é preciso levar em conta as mudanças na correlação de forças que apontam para transformações nas condições objetivas, ainda mais no período atual. Neste, combinam-se de forma contraditória a regressão nas condições subjetivas da luta anticapitalista e a evidência manifesta dos limites do capitalismo. A vitória do campo imperialista e a derrota do campo socialista, somadas às transformações ideológicas e estruturais introduzidas pelas políticas neoliberais, alteraram as condições objetivas e subjetivas da luta política. É desse modo que devem ser entendidas as condições de luta, no marco histórico realmente existente, e não de forma rígida e dogmática, a cada processo histórico.

Mais recentemente, Evo Morales ainda não havia iniciado seu governo e Petras já o acusava de traição, assim como tachava Álvaro García Linera de "intelectual neoliberal", o que revela uma incompreensão das condições concretas do processo boliviano. Governantes de outros países, e até mesmo a direção do MST, no Brasil, não foram poupados de acusações semelhantes.

Que consistência tem a acusação de "traição"? Poderia tratar-se de cooptação ideológica e assim teria um significado de classe concreto, perfeitamente possível, dadas a prática política institucional, a abrangência dos valores ideológicos do liberalismo no período histórico atual e os efeitos da pressão e do poder da mídia privada.

A pior consequência desse tipo de crítica é que ela costuma desembocar na ideia de que o "traidor" é um inimigo fundamental, um representante da "nova direita" a ser "desmascarado", derrotado e destruído; do contrário, a nova força encarnada por essas posições não poderá constituir-se como liderança alternativa no campo da esquerda.

O resultado dessas análises e posições políticas tem sido o isolamento, a confusão entre os espectros da esquerda e da direita no campo político e a impotência, refletida sobretudo na inexistência de movimentos que, assumindo essas posições, tenham construído forças importantes e, acima de tudo, dirigido os processos revolucionários. Movimentos vitoriosos como o Movimento 26 de Julho em Cuba, a Frente Sandinista na Nicarágua, o bolivarianismo na Venezuela e o Movimento ao Socialismo (MAS) da Bolívia, mesmo quando apelam para formas de luta radicais, como no caso de Cuba e da Nicarágua, recorrem principalmente a formas políticas amplas, tanto em suas plataformas como em seus lemas e alianças. O que os caracteriza como movimentos revolucionários é o fato de conseguirem enfocar a questão do poder de maneira direta, concreta, adequada, e de construir uma força estratégica que corresponde à história de lutas do campo popular no país e ao tipo de poder existente.

Diante da experiência concreta de transição pacífica ao socialismo da Unidade Popular no Chile, sob a presidência de Salvador Allende, a esquerda revolucionária se viu diante de um grande desafio. Desde o seu nascimento, o Movimento de Esquerda Revolucionária (MIR) tinha uma visão classista do Estado – burguês – e denunciou o caráter pró-imperialista das burguesias nacionais e a inviabilidade, assim, de uma via institucional de transição do capitalismo ao socialismo. No entanto, diante da inesperada vitória eleitoral de Allende em 1970, precisou enfrentar o dilema de qual atitude tomar.

Coerente com sua visão estratégica, desde a vitória eleitoral da Unidade Popular, o MIR se colocou à disposição de Allende para sua proteção pessoal – constituindo o que foi chamado de Grupo de Amigos do Presidente (GAP). Apresentou-se para buscar informações logo que o primeiro plano golpista foi posto em prática – o sequestro e assassinato do então comandante-em-chefe das Forças Armadas, general René Schneider, de tendência democrata-cristão, nomeado por Eduardo Frei, presidente que ainda terminava seu mandato, atribuído a movimentos armados de esquerda. Essas informações permitiram descobrir que se tratava de uma trama da própria direita. Tentava-se conturbar o ambiente e sugerir que, com o governo Allende, os grupos armados atuariam abertamente. O objetivo era impedir que o Congresso chileno ratificasse o nome de Allende – que havia sido vitorioso com apenas 36,3% dos votos no primeiro turno e, pela Constituição, necessitava da confirmação parlamentar.

Os dilemas colocados para um governo que chega ao poder nas condições em que Salvador Allende foi eleito – com um programa radical, anticapitalista, mas sem sequer ter o apoio da maioria simples da população – eram complexos. Allende tentou colocar em prática sua plataforma política, mas foi asfixiado dentro do aparato de Estado até que terminou derrubado por um golpe militar. O MIR lutou pela aplicação estrita e mais radical ainda do programa socialista. Por um lado, estava certo de que as estruturas de poder existentes impediriam a aplicação do programa, considerando inevitável o golpe militar. Por outro, lutava para que o programa fosse aplicado de forma mais profunda.

O MIR conseguiu estender amplamente a organização do movimento popular – particularmente no campo, nas favelas e no movimento estudantil –, propôs e conseguiu avançar, em aliança com os setores mais radicais do Partido Socialista, órgãos do poder popular, como estruturas do que seria um futuro poder nacional alternativo. Considerava que o golpe militar era inevitável, tratava-se de preparar o movimento de massas e o próprio partido para enfrentá-lo. A interpretação era que, depois da oportunidade e do fracasso da estratégia reformista, chegaria o momento da estratégia revolucionária.

O golpe militar efetivamente aconteceu, porém atingiu duramente a toda a esquerda. Não representou apenas o fracasso da estratégia reformista, mas uma brutal mudança desfavorável na relação de forças. Significou também o início de uma estratégia de aniquilamento de toda a esquerda e o campo popular, sendo que o MIR foi vítima privilegiada. Uma avaliação equivocada do que era possível realizar no momento da vitória de Allende levou a aprofundar o nível de enfrentamentos, sem que a esquerda tivesse condições de evitar o golpe ou resistir vitoriosamente a ele, uma vez implantado. O caminho poderia ter sido outro, como redefinir a relação entre reformas e revolução e tratar de que fossem colocados em prática projetos de reforma agrária e reforma urbana. Mesmo que não tivessem um caráter frontalmente anticapitalista, representariam um avanço democrático e social profundo, na direção do anticapitalismo. O lema do MIR – "O socialismo não são algumas fábricas e algumas terras para o povo, mas todas as fábricas e todas as terras" – refletia esse maximalismo. Era a mais importante expressão da esquerda revolucionária no Chile e agrupou forças extraordinárias de militância, demonstrando um espírito de organização e de criatividade política; porém sucumbia numa lógica de ultra-esquerda.

O problema se coloca como uma atualização do tema reforma/revolução e das relações entre movimentos radicais, anticapitalistas e forças de centro-esquerda, contraditórias em suas posições. Que atitude tomar uma força radical diante de governos como os de Lula, Tabaré Vázquez, Cristina Kirchner, Daniel Ortega, José Luís Rodríguez Zapatero, entre outros da mesma natureza? Não são governos da direita; em todos esses países há forças que personificam a direita e que fazem oposição a esses governos, sem que estes realizem um programa claramente de esquerda.

A bipolaridade costuma ser uma realidade concreta, que ocupa grande parte do campo político, pressionando tanto para uma aliança subordinada e ocupando o espaço mais à esquerda quanto para a criação de um espaço novo, que rompa essa lógica. A bipolaridade inclui também o risco, grave, sempre existente, de concentrar seus ataques no governo – de centro-esquerda ou caracterizado como de "nova direita" – e promover confusão em lugar de contribuir para fortalecer a polarização entre direita e esquerda.

O não-reconhecimento do caráter de esquerda ou de centro-esquerda dos governos mencionados acaba deslocando as forças que pretendem ocupar o espaço da esquerda, fazendo com que, ao opor-se centralmente a esses governos, favoreçam a direita. Em vez disso, deveriam se definir em função de políticas concretas, apoiar as que possuem um caráter de esquerda e opor-se às que têm caráter de direita.

Se uma linha política perde a referência de onde está a direita e dos riscos que ela representa, quando confunde um aliado contraditório, moderado, com um inimigo, não conseguiu apreender a realidade do campo político existente. Foi o que aconteceu com o Partido Comunista Alemão. Quando caracterizou a socialdemocracia alemã do começo dos anos 1930 como um fascismo disfarçado, um aliado do fascismo ou pertencente ao campo da direita, acabou confundindo um aliado vacilante com um inimigo. Não soube diferenciar os campos, gastou energia que deveria estar prioritariamente concentrada na direita perigosamente ascendente, isolou-se e favoreceu a vitória inimiga. Foi o que aconteceu, de forma dramática e trágica, com a socialdemocracia alemã, que caracterizou o Partido Comunista como uma outra versão do totalitarismo nazista, a versão stalinista, e produziu a divisão que facilitou a ascensão do próprio nazismo, que reprimiu indistintamente a ambos.

Tomando um caso concreto, o do governo Lula, seu próprio caráter contraditório faz com que seja passível de críticas e de elogios da direita e da esquerda, completamente diferenciadas entre si.

As forças de esquerda devem trabalhar para instaurar um campo político e ideológico de enfrentamentos no qual a polarização direita/esquerda predomine. Não por algum fetiche particular, mas porque uma força representa a manutenção e a reprodução do sistema, enquanto a esquerda caminha para a criação de uma alternativa antineoliberal e anticapitalista. A luta ideológica e a luta social têm que se dar com força, mas devem ser subordinadas à luta política, que é a central, cujos focos são a oposição ao poder dominante e a construção de um poder alternativo.

Os projetos de esquerda que conseguiram construir força suficiente para disputar vitoriosamente a luta hegemônica souberam desenvolver a luta de massas e de ideias, mantendo sempre a disputa política como sua referência central. Significa que a batalha ideológica deve selecionar os temas estratégicos determinantes para a unificação de todas as forças do campo popular em cada momento – no caso atual, da luta antineoliberal e pós-neoliberal. Antineoliberal no sentido de combate a todas as formas de mercantilização; pós-neoliberal no sentido de construção de alternativas centradas na esfera pública, considerando que o campo de enfrentamentos na era neoliberal tem foco na polarização entre esfera mercantil e esfera pública.

A lógica doutrinária absolutiza a luta ideológica, erige-se como defensora dos princípios teóricos do marxismo, da pureza desses princípios e, por isso, costuma não apenas ficar isolada como também propiciar divisões ainda maiores dentro da esquerda, sobre interpretações a respeito da teoria – de que o trotskismo é um exemplo – ou de condenar todo processo revolucionário novo que, sendo sempre heterodoxo, "contra o capital", merece ser rejeitado e condenado. Aconteceu assim com todos os processos vitoriosos, na Rússia, na China, em Cuba, no Vietnã, na Nicarágua e acontece hoje na Venezuela, na Bolívia e no Equador. Como na França, em 1968, quando Sartre escreveu sobre as dificuldades dos comunistas de captar as formas novas que assumia a luta de classes, o que chamou de "medo à revolução" realmente existente, o qual teria obrigatoriamente que diferir do assalto ao Palácio de Inverno da Revolução Bolchevique.

A Revolução Russa não poderia se colocar como a ruptura com o capitalismo, porque se chocava com a predição de Marx de que o socialismo deveria surgir nos países do centro do capitalismo. A Revolução Chinesa deveria se limitar à expulsão dos invasores e ao desenvolvimento de um capitalismo nacional. A Revolução Cubana foi expressamente condenada por usar métodos considerados "aventureiros" e "provocadores", quando as condições ainda não estariam dadas para uma ruptura como a que se propunha. Em todas elas, incluídos os processos venezuelanos e boliviano, a classe operária não teve papel de liderança nem as condições econômicas poderiam permitir falar de anticapitalismo.

Porém, a verdade é concreta, nasce da análise concreta das condições concretas. Os princípios são princípios, não saem dos livros para a realidade, mas renascem concretamente da luta cotidiana, quando revelam sua atualidade. Os erros teóricos são pagos duramente na prática, mas o zelo teórico pelos princípios não aprisiona a riqueza dos processos históricos concretos em estreitas bitolas dogmáticas.

A análise de Álvaro García Linera sobre a forma como a esquerda tradicional boliviana encarava os indígenas é um excelente exemplo contemporâneo da rebeldia da realidade concreta contra os dogmas. A esquerda boliviana sempre buscou a construção de uma aliança operário-camponesa, nos moldes da que teria existido durante a Revolução Bolchevique. Tinha uma referência concreta, na classe operária mineira que, situada no enclave determinante para a economia boliviana, dispunha de uma espécie de poder de veto sobre o andamento econômico do país, porque a paralisação das minas freava economicamente a Bolívia. Mas o isolamento, inclusive físico, que um enclave supõe dificultava a construção de um projeto hegemônico alternativo dirigido pelos mineiros.

O desempenho dos mineiros na Revolução de 1952, a nacionalização das minas de estanho, a construção de conselhos operários, a própria substituição das Forças Armadas por brigadas de auto-defesa, dava a impressão da capacidade estratégica da classe operária mineira. Por sua vez, a reforma agrária parecia projetar um aliado estratégico dos mineiros, no campesinato, complementando a fórmula clássica. Era uma tentativa de aplicar a uma realidade concreta, necessariamente específica, um esquema teórico derivado de outra realidade – a soviética.

A população do campo era interpelada pela sua forma de trabalho, de reprodução das suas condições de existência. Como vivem da terra, foram catalogados como camponeses. Não importava se eram indígenas. Deveriam esquecer essas origens milenárias para se assumirem como camponeses, aliados subordinados – e de certa forma vacilantes, porque não proletarizados, ligados à pequena propriedade – dos operários mineiros. A determinação econômica se faria de forma direta e mecânica, reduzindo os indígenas a camponeses.

Foi a reconstrução concreta e específica da história boliviana, partindo do período anterior à colonização, que permitiu que Linera conseguisse captar os elementos determinantes da identidade dos povos originários, de sua condição de indígenas – mais especificamente, de aimarás, de quéchuas, de guaranis. Foi esse tipo de análise que lhe permitiu captar a identidade dos povos indígenas na sua totalidade, o que possibilitou que eles assumissem politicamente essa identidade e conseguissem eleger Evo Morales presidente, além de construírem um partido – o MAS – como instrumento de imposição da sua hegemonia sobre o conjunto da sociedade boliviana.

O caso de aparente repetição de uma estratégia vitoriosa foi o da Revolução Sandinista em relação à Revolução Cubana. Foi um episódio de exceção, mas é preciso registrá-lo. Houve diferenças, é certo, na própria forma de condução da guerra de guerrilhas, assim como na incorporação – muito mais ampla do que em Cuba – de mulheres, de cristãos, de crianças e de idosos diretamente à luta clandestina e de massas. Mas, no essencial, dando-se no mesmo período histórico, as similaridades são maiores do que as que tiveram outros processos revolucionários entre si. Se em Cuba o fator surpresa foi determinante para a vitória, no caso da Nicarágua foi a conjunção da derrota norte-americana no Vietnã, as lutas pelos direitos civis e contra a guerra dentro dos EUA, a crise de Watergate e a renúncia de Richard Nixon, que levaram à tentativa de resgate do prestígio externo dos EUA por Jimmy Carter, com sua política de direitos humanos e de distanciamento das ditaduras que tinham apoiado no continente. O efeito terminou sendo similar, assim como as dificuldades para explorá-lo de novo por parte dos movimentos guerrilheiros na Guatemala e em El Salvador.

O fator decisivo para que esses processos deixassem de ser viáveis é o que moveu as guerrilhas guatemalteca e salvadorenha ao processo de reconversão à luta política: a correlação de forças internacional passou a inviabilizar o triunfo de processos de luta armada. As críticas intrínsecas aos processos políticos atuais vividos pela esquerda não podem contar com essa alternativa, fazendo com que a esquerda tenha que acertar contas com as estruturas de poder existentes, retomar o processo de sua crítica radical na dimensão da sua superação pela passagem por essas mesmas estruturas.

A passagem para o período histórico atual coloca novas condições de luta, em que as estratégia de reformas e de ruptura violenta, pela luta armada, não são mais viáveis, criando as melhores condições para uma rearticulação concreta, enriquecedora, das relações entre reforma e revolução.

A LÓGICA REFORMISTA

A lógica reformista subestima ou abandona tanto a luta ideológica como a de massas. Busca espaços de menor resistência para avançar no que for possível, visando a alteração gradual da correlação de forças sem tocar no tema central das relações de poder. Inegavelmente conseguiu avanços significativos na América Latina – especialmente nos governos nacionalistas na Argentina, no México, no Brasil –, quando os projetos de desenvolvimento econômico de setores da burguesia industrial coincidiam com os do movimento sindical e de setores das camadas médias. Foram as décadas de crescimento acelerado, com distribuição de renda, mobilidade social ascendente, que se encerraram no momento em que o ciclo longo expansivo do capitalismo internacional e do latino-americano esgotou-se.

Teoricamente os projetos de reformas buscam desembocar numa transformação profunda das estruturas econômicas, sociais e políticas vigentes. Atendem à lógica espontânea de transformações progressivas, de deslocamentos sucessivos nas relações de poder, conquistados pelas demandas econômicas e sociais que fortaleceriam gradualmente o campo popular e debilitariam o pólo inimigo.

Foi e é a lógica predominante na grande maioria das situações históricas. As condições para a emergência de um processo revolucionário são muito especiais, precisam estar combinadas com tempos determinados para que uma revolução – momento muito particular na história – seja possível. A ideologia e a prática espontânea das lutas sociais, econômicas e políticas são a da luta gradual por melhorias na situação da massa do povo, por alterações graduais nas legislações vigentes, por conquistas de mais espaços institucionais no sistema político.

Embora tenha sido responsável por parte importante das conquistas econômicas e sociais ao longo das décadas, o reformismo fracassou como estratégia de transformações graduais das relações de poder, na sua tentativa de fazer com que triunfos parciais se tornassem mudanças qualitativas nas relações de poder e introduzissem um novo sistema político. Em suma, as reformas não substituíram nem levaram à revolução e tantas vezes não amainaram as reações dos blocos dominantes diante de projetos graduais e moderados de parte da esquerda. O fracasso se deve, principalmente, por não ter colocado a questão do poder como tema central e, assim, não trabalhar para a construção de formas de poder alternativo. Trata-se de uma ausência determinante, fatal, para uma força política que se coloca projetos estruturais de transformação. É um tema que, quando passa como desconhecido, retorna com força multiplicada e surpreende aqueles que se propõem a projetos de transformação que incidem sobre as relações de poder dominantes, golpeando-os mais duramente quanto mais desprevenidos estiverem.

O golpe contra Salvador Allende é um caso típico. O presidente chileno conseguiu a aprovação unânime do Congresso para a nacionalização do cobre, controlado por empresas estadunidenses. Esse consenso não poderia esconder o duro golpe assestado contra o governo norte-americano. Isso fez com que o governo de Richard Nixon – que tinha simplesmente Henry Kissinger como secretário de Estado – acelerasse os planos golpistas contra Allende. Já o socialista chileno, confiante na tradição de alternância no governo e na defesa da legalidade pelas Forças Armadas, não se preparou para enfrentar a ofensiva direitista com estratégias alternativas de poder. E, assim, sucumbiu cercado dentro do próprio palácio de governo, defendendo, sozinho, uma legalidade que a direita tinha decidido sacrificar havia muito tempo.

Os sucessos obtidos pelos distintos projetos de reformas se deram porque estavam inseridos em um período histórico longo – dos anos 1930 aos 1970 – em que o projeto hegemônico em escala mundial e regional era de caráter progressivo, regulador, keynesiano, de bem-estar social. Os ventos sopravam a favor de projetos de reforma, permitindo a convergência, em certa medida, de interesses do campo popular com o de setores do bloco hegemônico.

Com a mudança de período, prevalecendo projetos de caráter regressivo – neoliberal, desregulador, privatizante –, a direita apropriou-se do próprio conceito de reformas, que passaram a significar, no consenso dominante, desarticulação do papel regulador do Estado, liberalização econômica, abertura de mercados, precarização das relações de trabalho.

A mesma elite que havia desarticulado as formas de regulação estatal, dilapidado o patrimônio público e levado os Estados a níveis de endividamento insuportáveis colocava como dilema central a polarização estatal/privado ou, de forma mais direta, Estado/mercado.

Nesse marco, o que pode significar um projeto de reformas? Caso não questione o modelo neoliberal, será uma versão interna a esse modelo. Foi o caso da chamada Terceira Via, que se reivindicava uma "cara humana do neoliberalismo". É o risco que correm governos que desenvolvem importantes políticas sociais – como os governos Lula, Kirchner e Tabaré Vázquez –, alterando as relações de força no campo social, ao estender o acesso a bens fundamentais a setores significativos da economia. Permanecem intocada a hegemonia do capital financeiro, a ditadura da mídia privada, o papel de peso dos setores do agronegócio – para mencionar alguns dos mais importantes fatores das relações de poder nas nossas sociedades. Esse é o limite de um projeto de reformas hoje, no marco da hegemonia global neoliberal e das suas consequências para cada país. Caso esses problemas não sejam enfrentados e solucionados democraticamente, esses governos esgotarão a capacidade de ação que demonstraram até a chegada da recessão internacional. Isso poderá brecar o processo de redistribuição de renda e favorecer um eventual retorno da direita aos governos, incorporando tais políticas, neutralizando seu caráter progressista e cooptando seus beneficiários.

É por essa razão que processos como o boliviano, o venezuelano e o equatoriano buscam – ao mesmo tempo que tratam de colocar em prática um modelo econômico antineoliberal – combinar esse movimento com a refundação do Estado em torno da esfera pública, de modo a possibilitar a constituição de um novo bloco de forças no poder e o avanço na resolução da crise hegemônica na direção pós-neoliberal. Trata-se de um processo de reformas, mas na direção de uma transformação substancial das relações de poder que estão na base do Estado neoliberal. Sem isso dificilmente seria possível golpear duramente a hegemonia do capital financeiro e impor medidas como processos de controle da circulação desse capital, centralização do câmbio, submissão dos Bancos Centrais a políticas econômicas de desenvolvimento econômico e social.

Retomando a problemática da reforma e da revolução, não existe necessariamente um antagonismo central ente elas. É uma questão que depende do tipo de reforma, da forma e da extensão em que atinge as relações centrais de poder, assim como da capacidade de construção de um bloco de forças alternativo em que o Estado – sua natureza econômica, social e política – tenha um papel essencial. As reformas epidérmicas, que não afetam a correlação de forças geral entre as principais forças sociais, entre os campos políticos antagônicos, contrapõem-se a processos de transformação profunda da sociedade, pois ocupam o seu lugar, mobilizam energia social e política para readequações – no período atual, do modelo neoliberal ainda hegemônico –, ao invés de promover a acumulação de forças e a substituição desse modelo e do bloco de forças que o sustenta.

Da articulação entre reformas profundas e processos de transformação revolucionária das estruturas herdadas pelos governos progressistas no continente dependem a superação do neoliberalismo e o triunfo de projetos pós-neoliberais que a nova toupeira faz emergir de maneira surpreendente e vigorosa no começo deste novo século.

As três estratégias da esquerda latino-americana

Nas primeiras décadas do século passado, logo depois de sua constituição como força autônoma, a esquerda latino-americana foi marcada por dois grandes períodos, cujo protagonismo principal coube a suas correntes anarquista, socialista e comunista.

1. A estratégia de reformas democráticas

A primeira estratégia articulada da esquerda organizou-se em torno de grandes reformas estruturais que desbloqueassem o caminho do desenvolvimento econômico, personificado no projeto da industrialização substitutiva das importações. Mediante uma aliança subordinada da classe trabalhadora e da esquerda a forças do grande empresariado nacional, estabelecia-se como objetivo a promoção da modernização econômica, da reforma agrária e da independência nacional. Foi uma estratégia implementada por forças nacionalistas – Getúlio Vargas no Brasil, Lázaro Cárdenas no México, Juan Perón na Argentina, entre outros –, assim como por forças partidárias de esquerda ou centro-esquerda – casos dos governos da Frente Popular, dirigido por Pedro Aguirre Cerda (1938), e da Unidade Popular, dirigido por Salvador Allende (1970), ambos no Chile.

Essa estratégia correspondia a um período histórico condicionado por um ciclo longo expansivo do capitalismo internacional e, no marco latino-americano, por projetos de desenvolvimento industrial, sob a hegemonia ou o peso determinante de estruturas agrárias ou mineiras voltadas para a exportação. Ao lado das camadas médias urbanas, crescia a classe operária, dando consistência à expansão do mercado interno de consumo com a extensão dos direitos sociais, processo que se prolongou por cerca de cinco décadas, a partir dos anos 1930.

Essa primeira grande estratégia da esquerda definia como objetivo político a transição para as sociedades industriais, democráticas e nacionais, numa aliança entre a burguesia industrial, a classe trabalhadora e as camadas médias urbanas como etapa prévia para a construção do socialismo. Houve duas variantes principais desse tipo de projeto: a hegemonizada por forças nacionalistas – de que são exemplos os governos da Frente Popular chilena, do PRI mexicano, do MNR boliviano, o peronismo, o getulismo, entre outros – e a hegemonizada diretamente por uma coalizão de esquerda – cujo grande exemplo foi o governo de Salvador Allende.

Seus programas eram centrados em reivindicações econômicas e sociais: desenvolvimento e distribuição de renda. Definiam como inimigos fundamentais o latifúndio e o imperialismo, baseando-se na existência de uma burguesia nacional com interesses contrários a esses setores, e dirigiriam um bloco ao qual a esquerda e o movimento operário deveriam se somar para remover os obstáculos ao desenvolvimento democrático e nacional.

Foram esses os governos que mais reiteradamente ocuparam, no campo político, o espaço da esquerda, apoiados ou não por socialistas e comunistas. A aliança entre essas duas forças participou ativamente da luta política, até a vitória da Unidade Popular no Chile, que representou, pela primeira vez, a hegemonia das forças classistas da esquerda. Aqui, o modelo estratégico ganhou os contornos mais definidos dentre todas as suas formulações, constituindo-se na única experiência, em toda a esquerda mundial, em que se pôs – ou pelo menos se tentou pôr – em prática um projeto de transição pacífica para o socialismo.

Era uma estratégia de transição institucional, sem rupturas, que pretendia incorporar as estruturas democráticas existentes, fortalecendo-as e ampliando-as. Buscava uma democratização das relações econômicas e sociais, aumentando o peso regulador do Estado a partir da nacionalização das empresas básicas e do controle da remessa de lucros para o exterior.

O programa da Unidade Popular representava uma ruptura com a estratégia etapista (segundo a qual o socialismo seria antecedido por uma etapa de reformas que modernizaria o capitalismo), e pretendia expropriar o grande capital, nacionalizando as 150 maiores empresas nacionais ou estrangeiras do país transferindo, assim, para o Estado o controle dos nervos centrais da economia. Esta seria socializada mediante a constituição de conselhos com a participação dos trabalhadores, que definiriam os rumos da economia e de cada empresa. No plano político, a proposta mais importante seria a unificação da Câmara de Deputados e do Senado em uma instância parlamentar única.

O projeto chocou-se com as próprias estruturas do Estado; pretendia-se transformá-lo qualitativamente desde o seu interior. Entrando no coração do aparato estatal, no seu ramo executivo – mas com o apoio eleitoral minoritário de 36,3% em 1970 e 41% em 1973 –, o governo de Allende viu-se afogado por essas estruturas, sem apelar para uma refundação do Estado – porque confiava em seu caráter democrático – nem para a reconstrução de novas estruturas de poder fora dele – o que foi chamado de "poder popular". Dramaticamente, o golpe militar representou o esgotamento dessa estratégia, em sua expressão mais avançada.

Os governos nacionalistas, como os de Perón, de Getúlio e das revoluções mexicana e boliviana, terminaram derrubados – no caso dos dois primeiros – ou cooptados, reabsorvidos, e perderam seu impulso transformador. O suicídio de Getúlio, em 1954, e o golpe contra Perón, em 1955 – coincidindo com o fim do longo parêntese aberto pela crise de 1929 e prolongado pela Segunda Guerra Mundial e a Guerra da Coreia –, representaram simultaneamente a mudança do caráter do projeto nacionalista de substituição de importações, sob o efeito do retorno maciço dos investimentos estrangeiros (expresso pelo ingresso da indústria automobilística, sua forma nova e mais significativa), e a passagem do capitalismo latino-americano para uma etapa de subordinação aos processos de internacionalização.

Essa estratégia se esgotou paralelamente ao modelo industrializador, quando a internacionalização das economias latino-americanas levou o grande empresariado nacional de cada país, a sólidas alianças com os capitais internacionais, desembocando mais tarde no modelo neoliberal. Antes, haviam possibilitado as ditaduras militares do Cone Sul, revelando a disposição do bloco dominante de liquidar o movimento popular para aderir a políticas econômicas centradas na exportação e no consumo das altas esferas do mercado interno, assim como na superexploração do trabalho.

O ciclo de golpes militares no Cone Sul – prenunciado pela destituição de Perón na Argentina e pelo suicídio de Getúlio, um ano antes, e depois efetivado pelos golpes no Brasil, em 1964, na Bolívia, em 1971, e, em seguida, no Chile e no Uruguai, em 1973, e novamente na Argentina, em 1976 – formalizou no plano político e ideológico o término daquele período e a adesão das burguesias nacionais da região a uma orientação ditatorial, repressiva e pró-EUA, correlata à internacionalização do capitalismo no continente.

Os dois golpes que consolidaram a generalização das ditaduras na região sul do continente – Chile e Uruguai – ocorreram exatamente no ano que se convencionou caracterizar como o fim do ciclo longo expansivo do capitalismo – o mais importante de sua história, caracterizado por Eric Hobsbawm como "a Era de Ouro do capitalismo"[32], marcado pela crise do petróleo. Era virada a página de um período histórico e, com ele, o de uma estratégia da esquerda latino-americana.

2. A estratégia da guerra de guerrilhas

A partir do triunfo da Revolução Cubana, em 1959, a via insurrecional incorporou a guerra de guerrilhas como estratégia de poder para a esquerda latino-americana. A guerra de guerrilhas tinha caracterizado as revoluções chinesa e vietnamita e agora trazia para a América Latina a "atualidade da revolução", por meio do Movimento 26 de Julho e do exército rebelde cubano.

Os movimentos insurrecionais estiveram presentes já nas guerras de independência contra as forças coloniais, no começo do século XIX. No século passado, primeiro a Revolução Mexicana, depois as rebeliões de Sandino na Nicarágua e de Farabundo Martí em El Salvador, nos anos 1930, e a Revolução Boliviana, em 1952, reatualizaram a tradição insurrecional no continente, com distintas formas de luta. Mas foi a Revolução Cubana que representou uma proposta de luta armada – a guerra de guerrilhas – como segunda grande estratégia da esquerda latino-americana.

Uma estratégia vitoriosa – como já havia ocorrido com a soviética e a chinesa – adquiriu uma poderosa capacidade de influência e promoveu sua reiteração, com adaptações menores, em vários países. Na Colômbia, o movimento guerrilheiro já estava se desenvolvendo com as Forças Armadas Revolucionárias da Colômia (Farc), nos anos 1950, e, na Nicarágua, a luta dos sandinistas já existia antes da fundação formal da Frente Sandinista de Libertação Nacional (FSLN), em 1961, mas em países como Guatemala,

[32] Eric Hobsbawm, *A era dos extremos*, cit., p. 253.

Venezuela, Peru, Bolívia, Argentina, Brasil, Uruguai, México, República Dominicana e El Salvador, o impulso da vitória cubana foi o principal responsável pela difusão dessa estratégia. Tendo um campo mais homogêneo do que aquele que a Revolução Russa encontrou na Europa ocidental – apesar das diferenças nacionais no continente –, a influência de Cuba se propagou num espaço de tempo muito curto, da Argentina e do Uruguai urbanos até a Guatemala e o Peru rurais.

A nova estratégia fundava-se nas agudas contradições do campo latino-americano, fruto da predominância do latifúndio, das empresas estrangeiras e dos modelos primário-exportadores, que inviabilizavam a reforma agrária e faziam desse setor o elo mais frágil da dominação capitalista no continente. Os núcleos guerrilheiros, valendo-se disso, além de sua mobilidade, do apoio das conquistas campesinas, da existência de uma ditadura apoiada pelos Estados Unidos e do fator surpresa, triunfaram em Cuba e projetaram um novo caminho estratégico para a esquerda latino-americana, às voltas com o esgotamento do ciclo econômico de substituição de importações e da democracia liberal, com a proliferação de ditaduras.

Houve três ciclos diferentes de luta guerrilheira a partir de 1959 e durante quatro décadas posteriores, quando praticamente se esgotaram as condições que haviam permitido sua projeção como forma principal de luta da esquerda no continente. O primeiro se deu, sob o efeito imediato da vitória cubana, na Venezuela, na Guatemala e no Peru, estes dois últimos com economias predominantemente agrárias, como Cuba, e peso determinante das populações indígenas – embora estas fossem consideradas, de forma redutiva, camponeses pelos movimentos guerrilheiros. No caso venezuelano, tratava-se de uma economia petroleira, com escassa população rural.

Esse primeiro ciclo já não pôde contar com o fator surpresa, que jogou a favor do movimento revolucionário em Cuba e, por isso mesmo, deixou de funcionar a partir dali. Ao contrário, despertos pela surpresa, os Estados Unidos intensificaram os mecanismos da Guerra Fria, rotulando de "subversiva" qualquer força democrática e popular e formulando uma política de incentivo à reforma agrária como condição para auxiliar os governos. Com isso, pretendiam desativar o grau agudo de conflitos no campo, considerado uma das condições essenciais para o movimento guerrilheiro – que estaria ali como peixe no mar. Buscavam isolá-lo de suas bases de apoio. Tratava-se de um mecanismo preventivo similar ao desenvolvido no Japão e na Coreia do Sul, ocupados por tropas norte-americanas, que impunha a realização de reformas agrárias com o intuito de evitar a multiplicação de processos como os que deram origem à Revolução Chinesa, fundada nas contradições campesinas.

Por outro lado, alguns dos governos desses países ainda detinham graus de legitimidade política, porque haviam sido eleitos em processos não ditatoriais, ao contrário do governo de Fulgencio Batista, em Cuba. A Guatemala era o país que mais se aproximava do caso cubano. A versão da estratégia vitoriosa em Cuba que circulou mais amplamente foi uma interpretação reducionista – aquela feita por Régis Debray em *Revolução na revolução?*[33] –, que favorecia o voluntarismo e o militarismo, ao subestimar o arraigo de massas do Movimento 26 de Julho, em Cuba. Passava a impressão de que o "pequeno motor" – o núcleo guerrilheiro inicial de doze combatentes – era capaz de criar as condições para o surgimento do "grande motor", em outras palavras, o movimento de massas. A imagem da gesta heroica dos doze guerrilheiros sobreviventes do desembarque do iate Granma, forjando a partir daí as condições para a vitória revolucionária, disseminou-se e permitiu que grupos sem raízes de massa, em países cujos governos possuíam legitimidade institucional, desatassem processos de luta guerrilheira, sofrendo reveses por seu isolamento social e político.

Esse primeiro ciclo foi derrotado mais agudamente no Peru, em suas distintas vertentes – a do Movimento de Esquerda Revolucionária (MIR), de Guillermo Lobatón e Luis de la Puente Uceda, a do Exército de Libertação Nacional (ELN), de Héctor Béjar, e a de um movimento de autodefesa armada, de Hugo Blanco –, e na Venezuela – tanto o MIR de Moisés Moleiro quanto as Fuerzas Armadas de Liberación Nacional (FALN) de Douglas Bravo. Na Guatemala, porém, essa estratégia iria ressurgir, tanto com o movimento dirigido por Yon Sosa quanto com aquele de Luis Turcios Lima, dado que ali as condições correspondiam mais àquelas existentes em Cuba.

Esse ciclo representava a extensão da guerra de guerrilhas como forma de luta e marcaria o novo período de lutas da esquerda. O elemento novo, que pretendia dar-lhe uma amplitude continental, viria do projeto de Che de organizar um núcleo guerrilheiro na Bolívia, não apenas como força revolucionária local, mas principalmente como eixo coordenador dos movimentos guerrilheiros existentes e dos que começavam a se organizar na Argentina, no Uruguai e no Brasil.

---

[33] Régis Debray, *Revolução na revolução?* (Havana, Casa de las Américas, 1967).

A morte de Che e a derrota de seu projeto representaram a primeira grande derrota de fato do movimento guerrilheiro no continente. Fechava-se assim o primeiro ciclo de luta armada, mas um segundo já se gestava, dessa vez centrado nas cidades dos três países mencionados acima. Essa mudança alterava fatores essenciais, supostos básicos da guerra de guerrilhas como havia sido praticada e teorizada em Cuba. Países com população basicamente urbana, como Argentina e Uruguai, e em processo acelerado de urbanização, como Brasil, mudavam o cenário rural original, aproximando-se de bases de apoio, mas isso dificultava a passagem de núcleos guerrilheiros a estruturas formais, regulares, de Exército, em virtude das condições mesmas das aglomerações urbanas e da capacidade operativa das forças repressivas nesse meio.

Se, por um lado, o espaço urbano permite a proximidade dos centros nevrálgicos do poder, por outro, dificulta enormemente a criação de territórios liberados, o que afeta a capacidade de expansão das forças guerrilheiras e a debilita pela fragilidade em termos de segurança. Foi o que acabou determinando os reveses do movimento de guerrilha urbana tanto na Argentina – seja dos Montoneros, seja do Exército Revolucionário do Povo (ERP) – quanto no Uruguai – dos Tupamaros – ou no Brasil – de todas as organizações armadas, em especial das mais importantes, como a Ação Libertadora Nacional (ALN) e a Vanguarda Popular Revolucionária (VPR).

Pela grande acumulação de forças que obteve, tanto em apoio popular como em força militar nos casos uruguaio e argentino, as derrotas sofridas foram igualmente de grandes proporções, quase não deixando atrás de si senão os rastros das vítimas e a destruição das forças de esquerda. As novas mudanças radicais nas relações de força em nível nacional e internacional que ocorreriam poucos anos depois fazem com que essas experiências apareçam hoje como possibilidades ainda mais longínquas.

As derrotas impostas ao campo popular – e que não pouparam nenhum espaço opositor, de sindicatos a partidos tradicionais, de universidades ao funcionalismo público, de movimentos sociais à imprensa de oposição, de editoras a Parlamentos – estiveram na base de um profundo deslocamento regressivo nas correlações de força entre as classes fundamentais que prepararia o campo para a hegemonia do modelo neoliberal. A derrota do movimento popular e de suas organizações, profundamente feridos pela repressão, imporia também a superioridade militar das forças dominantes.

Entretanto, a velha toupeira da luta guerrilheira se deslocaria para o seu terreno original, para o seu hábitat inicial em termos sociais e regionais, ou seja, países de estrutura predominantemente rural. Rumou para a América Central, inaugurando o terceiro e derradeiro ciclo de lutas guerrilheiras no continente. A acumulação histórica de forças do movimento sandinista conseguiu readequar-se, reunificar-se e retomar a luta, depois que o próprio Somoza contribuiu para abrir espaço, ao promover o assassinato do Joaquín Chamorro, o principal líder da oposição liberal.

Cumpriram-se na Nicarágua vários dos mesmos fatores que haviam possibilitado a vitória cubana. No lugar do fator surpresa, houve a perda de iniciativa dos Estados Unidos, golpeados pela derrota no Vietnã e pela crise de Watergate, que levou à renúncia de Richard Nixon e à eleição de Jimmy Carter à Presidência; este buscou distanciar a política de Washington das intervenções a favor dos golpes e das ditaduras militares no Cone Sul, assim como das experiências desastrosas na Indochina. O conjunto desses fatores, somado à amplitude da política de alianças internacionais do sandinismo, terminou favorecendo uma nova vitória do movimento guerrilheiro rural na América Latina, vinte anos depois do triunfo da Revolução Cubana.

Com estratégias similares, retomou-se a luta guerrilheira na Guatemala e em El Salvador, contando dessa vez, de forma semelhante à luta nicaraguense, com a unificação de todas as organizações militares de ambos os países. Contudo, como ocorreu com os movimentos imediatamente posteriores ao triunfo cubano, o fator surpresa já não teve vigência. É preciso levar em conta que a vitória sandinista foi obtida no mesmo ano e sob os mesmos impactos dos reveses externos dos Estados Unidos no Irã e em Granada.

Os efeitos internos na cena norte-americana não se fizeram esperar: os democratas foram derrotados, os republicanos voltaram ao poder com Ronald Reagan e começou a "segunda Guerra Fria". A Nicarágua foi uma vítima privilegiada da contra-ofensiva estadunidense, a ponto de Reagan afirmar que o país era a "fronteira sul dos Estados Unidos". As fronteiras foram militarizadas, em especial a do norte, e Honduras passou a ser uma retaguarda militar dos Estados Unidos, da mesma forma que o Laos e o Camboja na Indochina.

Os Estados Unidos lutavam para evitar o efeito dominó que havia acontecido no Sudeste Asiático. Para tanto, o país colocou todo o seu poderio militar a serviço dos governos guatemalteco e salvadorenho, sinalizando claramente para os movimentos guerrilheiros e para a comunidade internacional que Washington não permitiria nova vitória de um movimento hostil na região.

Sucessivas ofensivas estratégicas das frentes guerrilheiras nos dois países eram rechaçadas pelas tropas dos regimes, estreitamente apoiados pelos EUA. Até que um fator externo de dimensões tão inesperadas quanto determinantes se abateu sobre o terceiro ciclo guerrilheiro latino-americano: a queda do Muro de Berlim e o fim da URSS e do campo socialista, quando o mundo recaiu num sistema político mundial unipolar, sob a hegemonia imperial precisamente da superpotência contra a qual se batiam o governo nicaraguense e os movimentos guerrilheiros da Guatemala e de El Salvador. A queda do governo da Nicarágua – depois da invasão de Granada e alguns anos antes da capitulação do governo do Suriname – multiplicou os efeitos imediatos da virada radical na correlação de forças internacional.

Enquanto o governo sandinista convocava eleições presidenciais – que se realizaram sob chantagem estadunidense, como se uma espada pendesse sobre a cabeça dos nicaraguenses, e significariam o fim da guerra, caso ganhasse a candidata Violeta Chamorro, ligada aos Estados Unidos, ou a continuidade dela, caso os sandinistas permanecessem no governo –, os movimentos guerrilheiros guatemaltecos e salvadorenhos se davam conta da impossibilidade de vitórias militares. Iniciaram então um processo de conversão para a luta política institucional, encerrando a luta armada.

Concluía-se assim o terceiro ciclo de luta guerrilheira e, com ele, um período da esquerda latino-americana em que a luta armada foi a forma de luta mais importante no continente durante cerca de três décadas. Ao mesmo tempo, as derrotas dos movimentos guerrilheiros em países que viviam sob ditaduras militares – como no caso da Argentina, do Brasil, do Uruguai, da Bolívia e do Chile (que teve núcleos guerrilheiros de duração curta, como o MIR e o Movimento Patriótico Manuel Rodríguez) – abriram espaço para que o campo da oposição ficasse sob a hegemonia das forças democrático-liberais, que retomavam assim a iniciativa e substituíam, no campo da esquerda, os movimentos armados.

Movimentos guerrilheiros continuaram a existir em países como a Colômbia e o México, mas num marco nacional e internacional muito distinto. As Farc, o movimento guerrilheiro mais antigo do continente, e o Exército de Libertação Nacional (ELN) – depois do desaparecimento de um movimento de guerrilha urbana, o M-19 – seguiram suas trajetórias, embora com muito mais dificuldade do que antes, da mesma forma que os núcleos guerrilheiros locais no México. Quanto ao exército zapatista, trata-se de uma organização *sui generis*, que surgiu como rebelião armada, mas não se considera um movimento guerrilheiro nem busca a vitória pela luta militar.

Como o caso colombiano é um exemplo claro, a relação de forças no campo militar passou a ser brutalmente desfavorável aos movimentos guerrilheiros, e favorável às Forças Armadas dos distintos países, agora diretamente apoiados por Washington. Isso foi determinante para que os movimentos sociais e políticos atuais, inclusive os mais representativos e radicais, como o Movimento dos Trabalhadores Rurais Sem Terra (MST) brasileiro, o Exército Zapatista de Libertação Nacional (EZLN) mexicano, os movimentos indígenas bolivianos e equatorianos, não apelassem para a militarização dos conflitos – caso contrário, seriam inevitavelmente dizimados pela inquestionável superioridade militar das forças regulares, dentro e fora de seus países.

3. A terceira estratégia da esquerda latino-americana

A hegemonia neoliberal reformulou o marco geral da luta política e ideológica na América Latina. A mudança radical da correlação de forças imposta nas décadas anteriores – que, para alguns países, compreenderam ditaduras militares e, para praticamente todos, governos neoliberais – consolidou-se com o novo modelo hegemônico.

As lutas de resistência ao neoliberalismo constituíram uma nova estratégia de luta pela construção de um modelo alternativo, que buscava superar, incorporando e negando dialeticamente as duas estratégias anteriores, e que foi se forjando e se adequando às condições da hegemonia neoliberal.

O primeiro dos elementos dessa nova estratégia vem da natureza da hegemonia liberal: a criação de um consenso das elites a favor de profundas (contra-)reformas liberalizantes, apoiadas fortemente num consenso fabricado pela mídia privada que contava com o suporte de grande parte dos partidos tradicionais. Os movimentos sociais, na defensiva, resistiram, amparados em um respaldo popular potencialmente grande, mas limitado pelas dificuldades criadas pela ofensiva política e midiática, assim como pela situação objetiva que sofriam (desemprego, precarização laboral e fragmentação social).

O segundo elemento consiste na adesão de partidos de esquerda, socialdemocratas e nacionalistas, ao neoliberalismo, deixando os movimentos sociais praticamente isolados na resistência às políticas governamentais. O zapatismo, o MST, os movimentos indígenas bolivianos e equatorianos tiveram papel de destaque nessas lutas de resistência. Foram lutas de defesa de direitos em risco, mas que assumiram formas agressivas, desde as ocupações de terra e as marchas dos sem-terra, passando pela rebelião de Chiapas, até as sublevações populares dos indígenas bolivianos e equatorianos.

Conforme o neoliberalismo implementava o Estado mínimo, privatizava empresas públicas e cassava direitos que iam do emprego formal à educação e à saúde públicas, os movimentos sociais tratavam de resistir da forma que conseguiam. A luta contra o Tratado de Livre-Comércio da América do Norte foi central no grito de lançamento do movimento zapatista, em 1994. A luta contra as privatizações foi essencial nas mobilizações dos sem-terra no Brasil. A resistência ao processo de privatização da água na Bolívia foi o ponto de partida da nova etapa histórica da esquerda no país. Algo similar aconteceu no Equador, com o poder de veto dos movimentos sociais aos governos neoliberais e à assinatura do Tratado de Livre-Comércio com os Estados Unidos.

À medida que o modelo neoliberal foi revelando seus limites e se exaurindo, o consenso que havia sido fabricado enfraqueceu, surgiram fraturas entre os partidos tradicionais, vários presidentes tiveram de partir sem terminar ou mal começando seus mandatos, porque foram rejeitados por mobilizações populares promovidas pelos movimentos sociais – em especial no Equador, na Bolívia e na Argentina. Nesse marco, passou-se a colocar concretamente o tema das alternativas para as forças de resistência ao neoliberalismo, da passagem da defensiva para a ofensiva, da luta de resistência para a disputa por uma nova hegemonia.

Da fase de resistência passou-se à fase do direito de veto, com capacidade para inviabilizar um governo, mas não ainda para construir alternativas. O melhor exemplo dessa etapa foi o Equador, pelo poder de seus movimentos sociais de derrubar três presidentes seguidos e depois vetar a assinatura do Tratado de Livre-Comércio com os Estados Unidos. Lucio Gutiérrez, o terceiro presidente, havia sido eleito com o apoio dos próprios movimentos sociais, que também participaram de seu governo por meio da Confederação de Nacionalidades Indígenas de Equador (Conaie) e do Pachakutik, representantes dos povos indígenas equatorianos.

Combinavam-se nessas mobilizações desde sublevações territoriais até greves de fome, ocupação de estradas, concentrações de massa, resistências armadas a ofensivas repressivas etc. A partir daí, introduziram-se diferenças entre as forças antineoliberais: algumas se mantiveram como movimentos sociais, refugiando-se no que teorizavam como sendo a "autonomia dos movimentos sociais", enquanto outras buscaram estabelecer novas formas de articulação com a esfera política, para estar em condições de candidatar-se a resolver a crise de hegemonia instaurada. Os casos boliviano, equatoriano e paraguaio situam-se claramente nessa segunda categoria; os casos mexicano e argentino, na primeira.

A perspectiva da "autonomia dos movimentos sociais" encontrou sua teorização mais articulada na obra de John Holloway, que busca estabelecer o que seria a estratégia dos zapatistas, cristalizada já no título de seu livro *Mudar o mundo sem tomar o poder*[34]. Apontava-se para transformações em âmbito local e no plano social, das quais a estratégia dos zapatistas, centrada em Chiapas, seria o exemplo mais claro. Essa visão coincide com aquela que enfatiza a centralidade "das bases", da construção "de baixo para cima" de novas estruturas sociais.

Compreende-se a posição de crítica de uma parte dos movimentos sociais aos partidos tradicionais e à própria forma tradicional de fazer política, pelas experiências e frustrações acumuladas. O erro consiste em abandonar a esfera política, acreditando que uma alternativa, mesmo que construída desde as bases, pode contornar a disputa na esfera política.

A existência das ONGs (organizações que se definem por uma suposta rejeição à política e com as quais muitos movimentos sociais têm práticas comuns) fortaleceu essa tendência. O surgimento do Fórum Social Mundial, cuja "Carta de princípios" cristalizou a separação entre as esferas social e política, entre a luta social e a esfera política, congelou a estratégia dos movimentos populares na fase de resistência, da qual não podiam sair sem voltar a articular esses dois campos. Quando os movimentos sociais ficaram restritos à esfera social, puseram-se na defensiva, sem capacidade de criar os instrumentos para a disputa da hegemonia política. O "outro mundo possível" só pode ser criado com novas estruturas de poder, não apenas a partir da resistência de base.

Duas ambiguidades principais cruzam a posição centrada na "autonomia dos movimentos sociais". De um lado, a confusão de fronteiras com o discurso neoliberal faz com que os movimentos sociais elejam igualmente o Estado, a política, os partidos e os governos como alvos principais de seus ataques. São posturas que compartilham com o neoliberalismo e levam a confusões a respeito das bandeiras defendidas pelas ONGs e por uma parte dos movimentos sociais.

De outro lado, o neoliberalismo tem como uma de suas características centrais a expropriação maciça de direitos. A superação desse traço, o restabelecimento e a garantia dos direitos só podem ser feitos por meio de

[34] John Holloway, *Mudar o mundo sem tomar o poder* (São Paulo, Boitempo, 2003).

políticas governamentais. Da mesma forma, a regulação da circulação do capital financeiro – outra das propostas centrais dos FSMs – só pode se dar a partir de decisões e ações do Estado.

Oito anos depois do primeiro FSM, o "outro mundo possível" está começando a ser construído em países da América Latina. Em espaços como a Alternativa Bolivariana para os povos de nossa América (Alba), coloca-se em prática uma das propostas originais do FSM, o "comércio justo", além de outras iniciativas que avançam na direção do pós-neoliberalismo, como a Operação Milagre, a Escola Latino-Americana de Medicina (Elam), as campanhas de alfabetização e o Banco do Sul.

As disputas políticas pela construção de governos pós-neoliberais ocorreram depois de alguns tropeços das forças antineoliberais. Enquanto os zapatistas se isolavam no sul do México, sem conseguir traduzir sua luta numa alternativa política nacional; enquanto os piqueteiros argentinos esgotavam seu impulso inicial por não encontrarem formas de expressão política de suas lutas; enquanto os movimentos indígenas equatorianos delegavam politicamente sua representação a um candidato alheio às suas organizações – que os traiu antes mesmo de começar a governar; enquanto tudo isso acontecia, outras forças sociais e políticas começaram a delinear uma nova estratégia da esquerda.

Essa nova estratégia tem na Bolívia, na Venezuela e no Equador seus principais cenários. A combinação de sublevações populares com grandes manifestações de massa desembocou em alternativas político-eleitorais, diferentemente das estratégias anteriores de luta insurrecional. Porém, à diferença dos projetos reformistas tradicionais, a nova estratégia propõe-se a implementar um programa de transformações econômicas, sociais, políticas e culturais não por meio das estruturas de poder existentes, mas pela refundação dos Estados. Para isso, une elementos da estratégia das reformas a outros da luta insurrecional, buscando combinar formas distintas de luta e rearticulando a luta social com a luta política.

A Bolívia representa a via mais característica dessa nova estratégia, porque os movimentos sociais, depois de inviabilizar governos neoliberais, fundaram seu próprio partido, o Movimento ao Socialismo (MAS), a fim de impor a hegemonia indígena no plano político por meio da eleição de Evo Morales como presidente. A estratégia da nova esquerda boliviana fundamenta-se na crítica ao economicismo da esquerda tradicional, que definia o indígena como camponês – porque trabalha a terra – e o caracterizava como pequeno proprietário rural. Desse modo, tornava-se um aliado subordinado da classe operária, concentrada nas minas de estanho.

Esse economicismo expropriava dos aimarás, dos quéchuas e dos guaranis sua identidade profunda e secular como povos originários. Essa crítica, feita por Álvaro García Linera, atual vice-presidente da Bolívia, foi o que permitiu a construção do novo sujeito político para rearticular com a esfera política a força de massas acumulada desde 2000 e disputar a hegemonia a nível nacional. Esse novo sujeito político era o movimento indígena, que, juntamente com outras forças sociais, fundou o MAS e elegeu Evo Morales à Presidência da República.

Porém, tanto o caminho que levou os militares nacionalistas ao poder na Venezuela quanto o movimento que elegeu Rafael Correa e levou à aprovação da nova Constituição no Equador têm como estratégia essa nova via da esquerda latino-americana.

Esses processos, que renovam a esquerda latino-americana, não ocorreram nos países em que a esquerda foi tradicionalmente mais forte e que, por isso mesmo, foi vítima de ofensivas repressivas mais duras, como Chile, Uruguai, Argentina e Brasil. Tampouco foram protagonizados por partidos ou movimentos tradicionais da esquerda, como comunistas, socialistas ou nacionalistas tradicionais. Não ocorrem no Brasil, que até recentemente parecia concentrar expressões significativas da esquerda, como o PT, a CUT, o MST, o FSM, além de políticas de orçamento participativo.

A Venezuela, depois dos movimentos guerrilheiros dos anos 1960, presenciou a fundação de um novo partido, o Movimento ao Socialismo (MAS), originário de uma cisão do Partido Comunista ocorrida após a denúncia da invasão da Checolosváquia. De início, era sintonizado com o Partido Comunista Italiano (PCI) e suas teses sobre o eurocomunismo, porém, evoluiu para a posição de adesão ao neoliberalismo da socialdemocracia europeia. Nessa qualidade, participou do governo de Rafael Caldera, nos anos 1990, seu principal dirigente, Teodoro Petkoff, como ministro da Economia. Surgiu ainda outro movimento novo, o Causa R, que posteriormente perdeu apoio popular e não conseguiu renovar a esquerda venezuelana.

Foi, porém, um movimento de militares nacionalistas – bolivarianos – que expressou o descontentamento popular com o pacote de medidas neoliberais posto em prática por Carlos Andrés Pérez, em 1989. Depois de promover um projeto de desenvolvimento, teve como resposta uma maciça mobilização popular contra seu governo, chamada de "caracazo", cuja repressão resultou em várias centenas de mortos. No mesmo ano, aconteceu algo similar na Argentina, quando Carlos Menem prometeu um "choque produtivo" e de imediato assumiu um programa neoliberal, mas sem reações populares significativas. No mesmo ano, Fernando Collor de Mello ganhava as eleições presidenciais no Brasil com um programa neoliberal, fazendo de 1989 um ano-chave na implantação da hegemonia neoliberal no continente. No mesmo ano em que caía o Muro de Berlim, começava a transição de um período histórico para outro, em escala internacional. Ainda em 1989, Cuba entrava no seu "período especial" e, no ano seguinte, caía o regime sandinista.

O levante militar dirigido por Hugo Chávez, em 1991, surgiu paralelamente ao grito do zapatismo, em 1994, como as primeiras expressões da resistência ao neoliberalismo. Sintomas de que seriam novas forças as que protagonizariam essa resistência, e de maneira mais aguda: movimentos indígenas, nacionalistas militares.

Segundo relata Chávez, os militares sublevados anunciaram seu movimento e convocaram as demais forças da esquerda, porém ficaram isolados e terminaram derrotados. Porém, seu movimento irrompeu na cena política de modo mais ou menos similar ao assalto do quartel Moncada, em Cuba, quase quatro décadas antes, e à primeira ofensiva dos sandinistas, em 1987. Foram derrotas militares, mas vitórias políticas.

Da sublevação militar, o movimento bolivariano soube reciclar-se para a luta político-institucional, com a candidatura de Chávez à Presidência da República em 1998. O fracasso tanto dos governos socialdemocratas da Ação Democrática, que levou ao *impeachment* e à prisão de Carlos Andrés Pérez, como do governo democrata-cristão do outro grande partido, o Coppei, de Rafael Caldera, provocou o esgotamento do sistema bipartidarista que caracterizou a vida política venezuelana por três décadas.

De tal forma que, na campanha presidencial de 1998, os dois favoritos eram candidatos *outsiders*: Irene Saéz, ex-Miss Universo, que havia sido prefeita de Chacao, bairro rico de Caracas, apoiada e financiada pelos banqueiros venezuelanos refugiados em Miami, depois da quebra do sistema bancário e da estatização realizada por Caldera; e Hugo Chávez, que a superou na reta final e venceu o pleito. Logo depois de eleito, Chávez convocou uma Assembleia Constituinte com o intuito de refundar o Estado venezuelano, inaugurando assim essa nova estratégia.

O conteúdo antineoliberal, de protesto contra o pacote e o governo neoliberal de Carlos Andrés Pérez, estava presente já nas origens do movimento bolivariano. O conteúdo anti-imperialista viria da política petroleira do novo governo, quando este promoveu a rearticulação da Organização dos Países Exportadores de Petróleo (Opep) e desenvolveu um intenso intercâmbio com Cuba, chocando-se com a imprensa privada local e com o governo Bush. A polarização com o governo dos Estados Unidos acelerou essa dinâmica.

Em 2000, no segundo ano do governo de Chávez, como que saudando o novo século, estouraram concomitantemente as rebeliões indígenas na Bolívia e no Equador. O movimento indígena boliviano protagonizou a Guerra da Água, que impediu a privatização do sistema de distribuição de água em benefício de uma empresa norte-americana (a Bechtel Corporation) e deu início a um impressionante ciclo de lutas que derrubaria dois presidentes – Sánchez de Lozada e seu vice-presidente – e desembocaria, cinco anos depois, na eleição de Evo Morales, o primeiro índio a ser eleito presidente da Bolívia.

As rebeliões dos movimentos sociais equatorianos – de início indígenas, mas logo protagonizadas por movimentos urbanos – levaram à derrubada sucessiva dos três presidentes eleitos que mantiveram o modelo neoliberal. O terceiro, apoiado pelos movimentos indígenas, renunciou ao seu programa, levando à divisão dos movimentos, alguns setores se mantiveram no governo, enquanto outros romperam com ele, mas foram debilitados pela derrota e pelo desgaste do apoio ao presidente.

Ao mesmo tempo, outros movimentos sociais enfrentavam situações similares: como articular a força acumulada na resistência ao neoliberalismo no plano político da disputa de alternativas. A atitude de descartar a esfera política pela crítica a determinadas práticas políticas era "jogar a criança com a água da bacia" e marginalizar-se da disputa política nacional.

Foi o que ocorreu com os zapatistas, os quais se isolaram da luta política nacional. Já os piqueteiros, depois da maior crise do Estado argentino, com a queda de três presidentes em uma semana, adotaram o lema "que se vayan todos" nas eleições presidenciais. Contudo, sem ter força para derrubá-los, deixaram o campo livre para que Carlos Menem ganhasse o primeiro turno com a promessa de dolarizar a economia – com todas as consequências que isso teria para o processo de integração latino-americana. No segundo turno, Kirchner ocupou o espaço deixado pelos movimentos sociais e elegeu-se presidente, evitando o pior. Mantendo a postura de "autonomia dos movimentos sociais", e não compreendendo a necessidade de construção de propostas hegemônicas alternativas, os piqueteiros se isolaram e viram sua enorme capacidade de mobilização se esvaziar, poucos anos depois de sua espetacular aparição.

A posição de "autonomia dos movimentos sociais", para essas correntes, acabou sendo não uma forma de reagrupamento da força de massas para organizar novas formas de ação política, não um caminho para construir uma forma alternativa de poder, mas uma rejeição de encarar o tema do poder, uma renúncia à disputa pela hegemonia. Representou um retrocesso a posições pré-marxistas, porque a crítica do marxismo a esse tipo de autonomismo resgata o conceito de poder como síntese das relações econômicas, sociais e ideológicas, recolocando o poder no posto de comando, como objetivo estratégico fundamental. O abandono da esfera política é o abandono da luta pelo poder. Serve para manter uma suposta "pureza" da esfera social, que representaria diretamente as "bases" contra as cúpulas, consideradas automaticamente ilegítimas como forma de representação política. Representa a queda em visões corporativas e fragmentadas, inevitáveis quando o social se separa da esfera política.

A concepção mais desenvolvida dessa visão está nas obras de Toni Negri, de um lado, e de John Holloway, de outro. Nestas, abandona-se explicitamente a luta pelo poder, pela hegemonia, que corromperia a tudo com suas formas de representação política da vontade popular. Para Negri, o Estado é caracterizado como instância conservadora diante dos processos de globalização. Ambos teorizam situações de fato, tomadas de forma descritiva, sem a construção de estratégias antineoliberais, e desembocam na inércia da autonomia do social.

Acabam sendo todos prisioneiros do campo teórico instaurado pelo neoliberalismo, aquele articulado em torno do eixo estatal–privado, entre Estado e sociedade civil, uma formulação herdada do eixo central do liberalismo. A polarização não dá conta do eixo articulador do modelo hegemônico neoliberal, que comanda o nosso tempo. A proposta neoliberal esconde na categoria privada ou sociedade civil fenômenos muito diferentes e até contrapostos. Na sociedade civil, conviveriam sindicatos, bancos, movimentos sociais, traficantes, entre muitos outros. A esfera privada não é a que caracteriza a proposta neoliberal. Esta pretende tirar poder e recursos do Estado não para transferi-los para os indivíduos, em sua privacidade, mas para jogá-los no mercado. Quando uma empresa é privatizada, não são os trabalhadores que se apropriam dela, mas é o mercado que resgata a empresa, conforme o maior poder financeiro de cada conglomerado econômico que a disputa.

Assim, o que a proposta neoliberal apresenta na realidade é a mercantilização, a transformação de todos os bens em mercadorias, com preço no mercado, onde tudo se vende, tudo se compra. O neoliberalismo é a expressão mais avançada do projeto histórico do capitalismo, essa "imensa coleção de mercadorias"[35], como Marx inicia *O capital*. Um processo que começou com o fim da servidão, para que a força de trabalho se tornasse livre – "nua", nas palavras de Marx –, porque separada da sua realização, que demanda os meios de produção – e para que a terra se transformasse em mercadoria. Em sua fase mais recente, depois do interregno do Estado de bem-estar social, passa a ser mercadoria o que havia sido assumido como direito (educação, saúde etc.) e torna-se um bem negociável no mercado. Até bens como a água se tornam mercadorias. Assim, a esfera hegemônica no neoliberalismo é a esfera mercantil.

Por outro lado, o pólo oposto não é o Estado. O Estado não define, por si só, sua natureza, porque pode ser um Estado socialista, de bem-estar social, fascista, liberal ou neoliberal. É um espaço de disputa sobre suas determinações. No neoliberalismo, é um Estado mercantilizado, financeirizado, que arrecada recursos no setor produtivo e os transfere, em grande medida, para o capital financeiro através do pagamento das dívidas. Ou pode ser um Estado refundado por governos que buscam superar o neoliberalismo, constituindo novas estruturas de poder. O Estado é, assim, um espaço de disputas.

O pólo oposto à esfera mercantil é a esfera pública, aquela constituída em torno dos direitos, da universalização deles, o que necessita de um profundo e extenso processo de desmercantilização das relações sociais. Democratizar significa desmercantilizar, tirar da esfera do mercado para transferir para a esfera pública os direitos essenciais à cidadania, substituir o consumidor pelo cidadão. Sendo assim, superar o neoliberalismo requer a refundação do Estado em torno da esfera pública, incorporando-lhe espaços como o do orçamento participativo, que representa a colocação de decisões fundamentais nas mãos da cidadania organizada.

O campo teórico na era neoliberal articula-se, portanto, em torno da polarização entre esfera pública e esfera mercantil, sendo o Estado um espaço de disputa entre os dois. Dessa disputa depende a natureza do Estado e o tipo de sociedade existente.

---

[35] Karl Marx, *O capital: crítica da economia política* (trad. Regis Barbosa e Flávio R. Kothe, São Paulo, Abril Cultural, 1983), p. 45.

Com mais razão, então, é necessária a presença estatal no combate ao neoliberalismo, a fim de promover e garantir direitos, regular a circulação do capital, e gerar espaços de participação direta da cidadania na política e nas estruturas de poder. O pós-neoliberalismo demanda um Estado refundado em torno da esfera pública, e não uma polarização contra o Estado na perspectiva de uma suposta sociedade civil ou da esfera privada contra a esfera estatal.

A essas posições somam-se as da ultra-esquerda, sejam de posições intelectuais que limitam suas análises a denúncias de "traição" – permanecendo no plano da crítica crítica, sem desembocar em propostas alternativas –, sejam de grupos doutrinários, que apenas repetem posições maximalistas – apelos abstratos à construção do socialismo –, sem nenhum arraigo na realidade concreta, pretendendo com isso resgatar os princípios teóricos diante de realidades que sempre os contaminam. Não se dão conta de que nenhum processo revolucionário partiu desses supostos teóricos, mas chegou a eles a partir das demandas profundas da realidade imediata – como o "paz, pão e terra" da Revolução Russa, por exemplo. Em nenhum lugar triunfaram posições dogmáticas como as dos grupos de ultra-esquerda.

No Equador, os movimentos indígenas tardaram a recuperar-se dos reveses sofridos. Enquanto isso, Rafael Correa canalizava a força acumulada na luta antineoliberal e ocupava o espaço deixado livre no campo político. Quando os movimentos indígenas lançaram como candidato Luis Macas, seu principal líder, o quadro político já estava definido. Correa obteve um enorme triunfo, o que lhe permitiu comandar o processo de construção do pós-neoliberalismo no Equador, convocando a Assembleia Constituinte, aprovando a nova Constituição e uma série de outras medidas, coerentes com suas afirmações de que "terminava a longa noite do neoliberalismo no Equador" e vivia-se "não um período de mudanças, mas uma mudança de período".

No Paraguai, Fernando Lugo projetou-se como o grande líder anticolorado, à frente de mobilizações populares contra a tentativa de reeleição do então presidente Nicanor Duarte. Os movimentos sociais não apostavam no processo eleitoral, tardaram a se mobilizar e, quando o fizeram, concorreram separados, deixando-se levar pelas diferenças internas, debilitando-se e elegendo dois parlamentares nacionais, quando sua votação total teria permitido eleger pelo menos cinco vezes mais. Assim, Lugo não conseguiu maioria parlamentar, tendo de fazer alianças com outros setores para ganhar governabilidade, além de depender ainda mais do Partido Liberal. Uma compreensão da passagem da fase de resistência para a de disputa hegemônica teria permitido que os movimentos sociais, articulando-se politicamente, ganhassem maior protagonismo e favorecessem um projeto pós-neoliberal no Paraguai.

Os processos boliviano, equatoriano e venezuelano foram convergindo assim para uma estratégia similar, cujo objetivo é a superação do neoliberalismo e a construção de processos de integração regional que fortaleçam a resistência à hegemonia imperial, dando início à construção de modelos pós-neoliberais e constituindo uma terceira estratégia na história da esquerda latino-americana.

Os grandes avanços realizados na América Latina nos primeiros anos deste século ocorreram precisamente pela democratização obtida através do processo de desmercantilização. Os intercâmbios econômicos entre Cuba e Venezuela constituíram-se num modelo do que o FSM chama de comércio justo, um intercâmbio baseado na solidariedade e na complementaridade, e não nos preços de mercado, como prega a OMC.

A Venezuela fornece a Cuba o petróleo de que Cuba necessita, a preços subsidiados e com financiamentos de longo prazo, enquanto Cuba entrega à Venezuela técnicos da melhor medicina social do mundo, técnicos em esportes, assim como especialistas em alfabetização – que fizeram da Venezuela o segundo país na América, depois de Cuba, a erradicar o analfabetismo, segundo constatação da Unesco.

A partir daí, os intercâmbios promovidos pela Alba estenderam esses critérios a intercâmbios com países que têm muito mais necessidades do que possibilidades de aportar a outros, como é o caso da Nicarágua, da Bolívia, de Honduras e de Dominica (países como Equador e Haiti participam da Alba sem ter formalizado sua adesão). Trata-se de um intercâmbio em que cada país dá o que possui e recebe o que necessita, no marco das possibilidades e das necessidades dos participantes desse tipo de comércio, o único em escala mundial, distinto dos critérios de mercado da OMC.

Com esses critérios foi criada a Elam, com sede original em Cuba e outra na Venezuela, entidade que formou as primeiras gerações de médicos pobres da América Latina – hoje já são alguns milhares. Depois de serem selecionados em movimentos sociais e outras organizações populares, inclusive norte-americanas, os jovens voltam para seus países de origem habilitados a exercer medicina social.

Da mesma forma, foi organizada a Operação Milagre, pela qual mais de um milhão de latino-americanos já passaram gratuitamente por cirurgias oftalmológicas para recuperar a visão, em hospitais cubanos, venezuelanos e bolivianos. E ainda se desenvolvem campanhas de combate ao analfabetismo, já concluídas na Venezuela e com prazo definido para erradicar o analfabetismo também na Bolívia, na Nicarágua e no Paraguai.

Esses são exemplos de desmercantilização como forma de universalização de direitos, somente possível quando se rompe a norma central do modelo neoliberal, dada pelos critérios de mercado. São um avanço na direção da construção de um modelo pós-neoliberal.

A construção pós-neoliberal supõe, portanto, uma disputa prolongada de hegemonia entre o novo bloco social e político e as velhas estruturas de poder vigentes. Álvaro García Linera considera que, no caso boliviano, houve cinco etapas diferentes:

a) o desvelamento da crise do Estado, quando surge "um bloco social politicamente dissidente com capacidade de mobilização e de expansão territorial dessa dissidência convertida em irredutível"[36];
b) em seguida, uma etapa em que, se essa dissidência consegue se consolidar como projeto político nacional não recuperável pelo sistema dominante, inicia-se o que Linera caracteriza como *empate catastrófico*, porque essa força opositora se mostra capaz de deter "uma proposta de poder (programa, liderança e organização com vontade de poder estatal), capaz de desdobrar o imaginário coletivo da sociedade em duas estruturas político-estatais diferenciadas e antagonizadas"[37];
c) a constituição governamental de "um novo bloco político que assume a responsabilidade de converter as demandas contestatárias em fatos estatais desde o governo"[38];
d) a construção de um "bloco de poder econômico-político-simbólico desde ou a partir do Estado, na busca de articular o ideário da sociedade mobilizada com a utilização de recursos materiais do ou desde o Estado"[39];

[36] Álvaro García Linera, *La potencia plebeya* (Buenos Aires, Prometeo/Clacso, 2008), p. 394.

[37] Idem.

[38] Ibidem, p. 395.

[39] Idem.

e) e, por fim, o "ponto de bifurcação ou fato histórico-político a partir do qual a crise do Estado"[40] é resolvida "mediante uma série de fatos de força que consolidam de forma duradoura um novo, ou reconstituem o velho"[41], isto é, tanto o sistema político como o bloco dominante no poder e a ordem simbólica do poder estatal.

García Linera dá como exemplo a crise estatal na Bolívia, que se manifestou em 2000 com a Guerra da Água e que, ao mesmo tempo, reverteu a política estatal de privatização de recursos públicos e permitiu "reconstituir núcleos territoriais de um novo bloco nacional-popular"[42]. O empate catastrófico surgiu a partir de 2003, quando se construiu um programa de transformações estruturais sob a direção dos movimentos sociais, constituídos em "uma vontade de poder estatal mobilizada"[43]. A posse de Evo Morales como presidente promoveu a substituição das elites governamentais, dando início à construção do "novo bloco de poder econômico e a nova ordem de redistribuição dos recursos"[44], que ocorre até hoje. O ponto de bifurcação teria se iniciado com a aprovação do novo texto constitucional pela Assembleia Constituinte, tendo o referendo de agosto de 2008 como seu ponto de partida "sem que se possa estabelecer de maneira precisa o momento final de sua plena realização"[45].

Pode-se ver, por essa rica caracterização das diferentes etapas da disputa hegemônica, como se dá esse processo, as mudanças na correlação de forças, na iniciativa, na capacidade de construção de força própria e os mecanismos fundamentais que permitem conceber as formas centrais de deslocamento de poder entre os dois blocos fundamentais que se enfrentam.

Nesse processo de "transição estatal", houve uma "modificação das classes sociais e de suas identidades étnicas culturais; essas classes assumiram, primeiro, o controle do governo e, gradualmente, a modificação do poder político, o controle do excedente econômico e da estrutura do Estado"[46]. O novo bloco no poder está se constituindo economicamente

---

40 Idem.

41 Idem

42 Idem.

43 Idem.

44 Idem.

45 Idem.

46 Ibidem, p. 397.

pela pequena produção mercantil urbana e agrária, em que se destacam os camponeses indígenas, pequenos produtores urbanos, assim como novas *intelligentsias* urbana e indígena letrada, personalidades, forças operárias precarizadas e um segmento empresarial tradicional, uma parte do qual vinculado ao mercado interno. A esse bloco soma-se uma nova burocracia estatal, proveniente das universidades públicas, que inclui também membros das redes sindicais.

O conjunto do processo de transição estatal, como caracterizado por García Linera, "apresenta-se como um fluxo de marchas e contramarchas flexíveis e interdependentes"[47], que afetam as estruturas de poder, a correlação de forças políticas e a de forças simbólicas.

Nessa terceira estratégia da esquerda latino-americana, não existe nem aliança subordinada com setores da burguesia – como na reformista – nem aniquilamento das classes do bloco dominante – como na estratégia insurrecional –, mas disputa hegemônica prolongada, de guerra de posições, no sentido gramsciano. A convocação da Assembleia Constituinte boliviana foi um reflexo dessa disputa. O governo poderia convocá-la pela representação direta dos povos indígenas, já que é isso que o MAS propõe como forma justa de constituir uma representação nacional majoritária. Esse critério, porém, teria levado a uma vitória político-eleitoral arrasadora do governo, provocando uma defasagem entre a nova estrutura política e a real relação de forças no plano econômico, e as elites dos estados opositores teriam boicotado a nova Assembleia. Isso se daria num marco muito desfavorável ao governo, porque as políticas neoliberais debilitaram enormemente o Estado boliviano e um boicote dos setores mais poderosos economicamente representaria um duro golpe para o novo governo.

Para efeito de comparação, na Venezuela, depois que o governo recuperou a Petróleos de Venezuela S.A. (PDVSA), o Estado tornou-se muito forte e o grande empresariado privado, relativamente fraco. Quando estes boicotaram as eleições, enfraqueceram a si mesmos e o governo se fortaleceu. Na Bolívia, o Estado estava muito debilitado, a convocação se dava ainda em meio ao início do processo de privatização das empresas de gás e as estruturas estatais se mostravam fortemente golpeadas pelas políticas neoliberais.

O governo reviu seu critério original, sobretudo porque não teria instrumentos para pôr em prática uma nova Constituição aprovada sem ne-

---

[47] Ibidem, p. 409.

nhuma participação das forças representativas do grande capital privado. A eleição confirmou a maioria do MAS, porém sem os dois terços necessários para a aprovação dos temas conflitantes. Os setores opositores participaram e trataram de bloquear o funcionamento da Assembleia Constituinte, recompondo-se a partir dali da derrota sofrida na eleição presidencial.

Essa disputa se desdobrou nos referendos autônomos estadual e nacional. Neles, a oposição buscava dar uma interpretação institucional à descentralização, concentrando-a apenas nos governos estaduais. Em um país em que os governadores foram nomeados até as eleições de dezembro de 2005, os liberais buscaram concentrar e limitar o debate democrático à descentralização dos estados, enquanto o governo, representando a reivindicação histórica dos povos indígenas, propunha uma descentralização concentrada nesses povos. Dispondo do monopólio praticamente absoluto da mídia privada, a oposição logrou impor seus termos e conseguiu, nos estados que dirige, obter resultados favoráveis nos referendos. O que realmente buscam com a autonomia é impedir que a reforma agrária iniciada pelo governo afete as bases materiais de seu poder, ou seja, o monopólio sobre a terra. Assim como se apropriar de parte significativa da renda obtida com a taxação do gás, que dos 18% cobrados pelos governos anteriores, vinculados à oposição atual, subiu para 82% no governo de Evo Morales, tornando-se fonte primordial para a recomposição do Estado boliviano e para a implementação das importantes políticas sociais que o governo desenvolve.

O governo recompôs sua proposta de descentralização, incorporando agora a dimensão dos estados. O referendo nacional deu mais força ao governo, porém a oposição sabe que com a nova Carta – mesmo com uma composição de distintas matrizes – inscrevem-se nas leis fundamentais direitos básicos que limitam seus poderes e tornam possíveis espaços de multietnicidade inexistentes até pouco tempo atrás.

Outros governos foram eleitos por força da rejeição ao neoliberalismo, como os de Lula, Kirchner, Tabaré Vázquez, Daniel Ortega, Fernando Lugo. Nenhum deles, porém, deu passos claros para romper com o modelo herdado, embora o tenham flexibilizado, produzindo diferenças significativas – em especial nos três primeiros casos, e mais particularmente no Brasil, e talvez no último, recém-iniciado. Esse aspecto os diferencia dos outros governos – exceção feita ao cubano, que nunca passou pelo neoliberalismo.

Em compensação, privilegiam os processos de integração regional – embora o caso nicaraguense seja particular –, ao invés dos tratados de livre-comércio propostos pelos Estados Unidos. Dessa forma, participam do Mercosul, da União das Nações Sul-Americanas (Unasul), do Conselho de Segurança da América do Sul, do Banco do Sul, do Grupos dos 20, do gasoduto continental, entre outras iniciativas. Com isso, juntamente com os outros governos mencionados anteriormente, contribuem não apenas para o fortalecimento de um espaço no Sul do mundo, como também para a construção de um mundo multipolar. São governos aliados dos que mais avançaram na ruptura com o modelo e na construção de modalidades superiores de integração – como a Alba, Petrocaribe e outros.

Mas são também governos contraditórios, às voltas com políticas econômicas herdadas de governos neoliberais e políticas externas de integração regional, distintos dos que os antecederam, sem dúvida, mas que conservam deles características importantes, como superávit primário, Bancos Centrais independentes etc.

O que os coloca no campo dos governos progressistas é sua forma de inserção internacional, que privilegia a integração, ao contrário de governos como os do México, do Peru, do Chile, da Costa Rica e outros, que assinaram tratados de livre-comércio com os Estados Unidos, hipotecando assim seu futuro e alienando qualquer capacidade de regulação econômica. Unem-se diretamente às áreas extensas das políticas de livre-comércio, de circulação sem restrições dos capitais, de Estado mínimo, de privatizações, de reino do mercado sem contrapesos.

Portanto, a linha divisória fundamental na América Latina não se dá entre uma esquerda boa e uma esquerda ruim, como apregoam tantos personagens da direita, como Jorge Casteñeda, por exemplo, cujo objetivo é dividir a esquerda, cooptar setores moderados e isolar os mais radicais. Essa é uma posição que favorece à direita.

A linha divisória fundamental é aquela que separa os países que assinaram tratados de livre-comércio com os Estados Unidos e os que privilegiam os processos de integração regional. Esse é o critério determinante para julgar os governos. Dentre estes, está claro, como dissemos, que alguns avançam firmemente na direção da ruptura com o modelo neoliberal e da construção de um modelo que podemos chamar de pós-neoliberal; outros flexibilizam o modelo econômico, desenvolvem mais políticas sociais e participam de processos de integração regional. Em seu conjunto, esses países geram dependências mútuas para o futuro, enquanto os que assinaram tratados de livre-comércio estão diretamente atrelados aos norte-americanos e às suas políticas.

Qualquer acirramento das diferenças entre, por exemplo, os governos de Hugo Chávez e de Lula – que se diferenciam em aspectos significativos –, favoreceria à direita, isolaria o governo venezuelano e eventualmente aproximaria o governo brasileiro dos Estados Unidos e de seus aliados no continente. A aliança entre os governos moderados e os mais radicais no processo de integração fortalece a ambos e ao conjunto do campo progressista.

No entanto, a nova modalidade de disputa hegemônica, no marco internacional regressivo, faz com que mesmo nos países onde os governos avançam na direção pós-neoliberal, seus projetos não tenham um caráter diretamente anticapitalista. Usamos o termo pós-neoliberal para designá-los, na medida em que se contrapõem de maneira direta à mercantilização que comanda os processos neoliberais, mas eles convivem com forte presença de grandes capitais privados – inclusive internacionais e o grande capital financeiro – e disputam, no marco dos mercados internos, dos Parlamentos, da dura luta ideológica na formação da opinião pública, uma nova hegemonia.

Quanto mais contundentes forem os elementos de desmercantilização, de socialização nos processos de nacionalização, de construção de formas de poder popular, de construção de consensos de socialização, de peso do mundo do trabalho, de capacidade de luta contra a alienação, tanto maiores serão as possibilidades de trânsito do pós-neoliberalismo na direção do anticapitalismo e do socialismo.

Afirmar que só se sai do neoliberalismo para o socialismo é não compreender a dimensão da regressão histórica representada pela passagem do período histórico anterior para o atual, em detrimento do socialismo, e não apenas como objetivo geral, mas também das distintas formas de consciência anticapitalista, do peso do mundo do trabalho, das modalidades de organização popular. Não se trata apenas de ato de vontade, mas de reconstrução, de novas maneiras, dos fatores objetivos e subjetivos que possam levar à luta anticapitalista; uma delas, a central no período atual, é a luta antineoliberal e a construção de alternativas pós-neoliberais.

Uma afirmação como essa não percebe a correlação de forças realmente existente em escala mundial e continental, da qual é preciso partir. A esquerda, e em especial a ultra-esquerda, tem muita dificuldade para se dar conta dos reveses sofridos, sempre reafirmando teses teóricas gerais, dogmas e princípios, como se eles tivessem vigência nos processos históricos diretamente como nos livros, sem a mediação das condições concretas dos enfrentamentos de classe. Tem dificuldade de assumir o que Lenin e

Gramsci tinham muito claro, isto é, que "a verdade é concreta". E torna-se incapaz de compreender as dinâmicas de processos concretos novos, como os da Venezuela, da Bolívia e de Cuba, perdendo o fio do que de mais importante vive o continente.

Nenhum processo revolucionário se realizou tentando implementar teses abstratas gerais na complexa e sempre heterodoxa realidade concreta. A Revolução Russa não se fez convocando os operários e os camponeses a "construir o socialismo", mas a obter "paz, pão e terra"; a Revolução Chinesa, a expulsar os invasores e a realizar a revolução agrária; a Revolução Cubana, a derrotar a ditadura de Batista; a Revolução Vietnamita, a expulsar os invasores e a conquistar a independência nacional; e, por último, a Revolução Nicaraguense, a derrubar a ditadura somozista.

Esses objetivos abriram caminho para a realização de outros mais profundos – anticapitalistas em alguns casos, anti-imperialistas em outros –, pela capacidade das direções revolucionárias de imprimir-lhes tal dinâmica a partir daqueles primeiros objetivos concretos: transformar a conquista da paz na Rússia no começo do XX pela ruptura das alianças internacionais com os blocos imperialistas; o pão, pela nacionalização e pela socialização das grandes empresas; a terra, pela revolução agrária. O mesmo aconteceu nos outros processos revolucionários, nas dinâmicas de transição entre reivindicações concretas profundamente sentidas pelas mais amplas camadas populares, que, além disso, serviram para estabelecer alianças na construção do novo bloco social hegemônico e para isolar o regime dominante.

Qualquer proposta estratégica tem de estar ancorada, antes de tudo, na realidade concreta, na dinâmica específica dos grandes enfrentamentos, com a consciência de que todo processo transformador tem um aspecto necessariamente novo, heterodoxo, que precisa ser captado, ao invés de tentar reduzi-lo a cânones teóricos, sem dizer onde teriam se realizado. Fidel Castro afirma que todo processo revolucionário deve ser radical, no sentido que Marx atribuía ao termo, isto é, o de ir à raiz das coisas, mas nunca extremista, no sentido de tomar um aspecto da realidade e extremá-lo, sem a compreensão do significado de cada processo histórico em seu conjunto.

O termo pós-neoliberalismo é descritivo e designa processos novos, que se dão como reação às profundas transformações repressivas introduzidas pelo neoliberalismo, mas ainda não ganharam formato permanente; é o que se vê na Venezuela, na Bolívia e no Equador. Não caracteriza uma etapa histórica específica, diferente do capitalismo e do socialismo, mas uma nova configuração de relações de poder entre as classes sociais, que promove a formação de um novo bloco social dirigente de processos históricos *sui generis*, em condições muito mais favoráveis às forças populares, cujo destino será decidido pela dinâmica concreta de construção de Estados pós-neoliberais.

Ao lado, Emiliano Zapata em 1912. Abaixo, Francisco "Pancho" Villa em 1914 com seus comandados. Ambos controlaram parcela significativa do território mexicano em 1910, durante a Revolução Mexicana.

Acima, três das principais lideranças da Revolução Cubana: Fidel Castro, Raúl Castro e Ernesto Che Guevara (da esquerda para a direita). Abaixo, celebração da Revolução em Havana: um novo período histórico na América Latina.

Ao lado, mural em homenagem ao guerrilheiro Augusto Sandino no Museu Nacional da Nicarágua. Abaixo, o socialista Salvador Allende, já eleito presidente do Chile, encontra Fidel Castro em 1971.

Apoio popular a Hugo Chávez: sua chegada à presidência da Venezuela em 1998 inaugura uma nova etapa na resistência ao neoliberalismo.

Acima, Evo Morales, primeiro presidente indígena da Bolívia, durante cerimônia andina antes sua posse, em janeiro de 2006. Essa vestimenta foi declarada "patrimônio cultural da nação". Ao lado, um de seus principais programas: o combate ao alfabetismo a partir do método cubano *Yo sí puedo.*

5º Congresso do MST, em 2007: um dos mais aguerridos movimentos sociais brasileiros.

Exército Zapatista: levante coincidiu com a assinatura p México do Tratado de Livre-Comércio da América do Norte (Nafta).

Acima, vitória de Fernando Lugo no Paraguai colocou fim a 61 anos de domínio do Partido Colorado. Abaixo, presidentes lançam o Banco do Sul: Rafael Correa (Equador), Lula (Brasil), Cristina Kirchner (Argentina), Hugo Chávez (Venezuela), Néstor Kirchner (Argentina), Nicanor Duarte (Paraguai) e Evo Morales (Bolívia).

Marcha do Fórum Social Mundial em 2005: polo aglutinador das forças antineoliberais.

O FUTURO DA AMÉRICA LATINA

Fases da luta antineoliberal

A luta contra o neoliberalismo já tem história, já passou por várias fases – da resistência ao início da construção de alternativas – e agora enfrenta um novo momento, o da contra-ofensiva da direita, com as respostas correspondentes da esquerda.

Em 1994, mesmo ano do lançamento do Tratado de Livre-Comércio da América do Norte (Nafta), os zapatistas conclamavam à resistência à nova onda hegemônica. Em 1997, Ignacio Ramonet chamava, em editorial de *Le Monde Diplomatique*, à luta contra o "pensamento único" e o Consenso de Washington. O Fórum Social Mundial de 2001 convocava à construção de "um outro mundo possível". As manifestações contra a OMC, iniciadas em Seattle, em 2001, revelavam a extensão do mal-estar diante do novo modelo hegemônico e o potencial popular da luta de resistência. Era uma fase de resistência, de defesa contra a virada regressiva de proporções históricas gigantescas operada pela passagem de um mundo bipolar para um mundo unipolar, sob a hegemonia imperial norte-americana, e do modelo regulador para o modelo neoliberal.

No plano governamental, a consolidação da hegemonia neoliberal produziu-se pela passagem da geração direitista inicial (Pinochet, Reagan e Thatcher) para a segunda, que alguns de seus protagonistas reivindicaram como a "terceira via" (Clinton, Blair e FHC), ocupando assim quase todo o espectro político. Essa força compacta começou a ser contida com a eleição de Hugo Chávez à Presidência da Venezuela, em 1998, concentrando-se a partir daí na América Latina. Com a derrota eleitoral dos principais promotores do novo modelo (FHC, Menem, Fujimori, Carlos Andrés Pérez e PRI), revelou seu fracasso.

No entanto, essa reação popular refletida nos triunfos eleitorais que sucederam ao de Chávez – Lula (2002), Kirchner (2003) e Tabaré Vázquez (2004), aos quais se pode acrescentar Daniel Ortega (2006) – ocorreu num cenário diferente do que se pensava. Ainda que vitoriosos contra governos ortodoxamente neoliberais, esses novos governantes não apontaram para a ruptura com o modelo neoliberal; ao contrário, mantiveram-no, com distintos graus de flexibilização, sobretudo em razão do peso que passaram a ter as políticas sociais.

Somados a partir da opção pelos processos de integração regional – em primeiro lugar pelo Mercosul – e da derrota da Alca – para a qual colaboraram ativamente –, esses novos governos revelaram diferenças significativas em relação aos anteriores, contribuindo para o surgimento de um cenário político inédito no continente pela existência simultânea de uma quantidade de variadas formas de governos que se opunham aos tratados e às políticas de livre-comércio pregadas pelos Estados Unidos, assim como à sua política de "guerra infinita" – que teve apenas na Colômbia uma adesão explícita na região.

As vitórias de Evo Morales (2005) e de Rafael Correa (2006), ao lado do lançamento da Alba, do Banco do Sul, do gasoduto continental e da adesão da Venezuela e da Bolívia ao Mercosul, deram contornos mais amplos e fortaleceram um eixo de governos que, além do privilégio dos processos de integração regional, começavam a construir modelos de ruptura com o neoliberalismo (modelos pós-neoliberais). O triunfo eleitoral de Fernando Lugo (2008) alargou o campo dos governos progressistas no continente, ao qual se pode somar proximamente Mauricio Funes, em El Salvador.

No entanto, a partir de 2007, depois de pega relativamente de surpresa pela proliferação de governos progressistas na região, a direita retomou a capacidade de iniciativa. Esses governos haviam capitalizado no plano eleitoral o descontentamento social gerado pelas políticas neoliberais, avançando nesse plano – o elo mais frágil da cadeia neoliberal.

Para recompor sua capacidade de iniciativa, a direita – cujo campo conta com a velha direita oligárquica e com as correntes socialdemocratas que aderiram ao neoliberalismo – lançou mão das esferas em que sua hegemonia não havia sido atingida ou conservava, no essencial, sua força: o poder econômico e o midiático. Essa contra-ofensiva assumiu feições um pouco distintas em cada país, porém com elementos comuns: crítica da presença do Estado e de seus processos de regulação, das políticas tributárias, dos processos de integração regional e com o Sul. Levantaram-se temas como "corrupção" – sempre centrada nos governos e no Estado –, desabastecimento, autonomia dos governos regionais contra a centralização estatal, supostas "ameaças" à "liberdade de imprensa" – identificada para eles com imprensa privada – etc.

No Brasil, houve campanhas de denúncias contra o governo Lula; na Venezuela, depois da tentativa de golpe em 2002, partiu-se para a defesa dos monopólios privados da mídia, para a denúncia de corrupção e desabastecimento; na Bolívia, criticou-se a reforma agrária, a nova Constituição e o uso dos novos impostos sobre a exportação de gás em políticas sociais realizadas pelo governo central; na Argentina, falou-se contra as formas de regulação de preços e o desabastecimento; e no Equador, contra a nova Constituição e as novas formas de regulação estatal. Além desses suportes, a direita conta também com os dois principais governos de direita na região – México e Colômbia.

Depois de ter ficado na defensiva nos anos de expansão da economia internacional – que favoreceu a obtenção de recursos do comércio exterior para as políticas sociais –, a direita retomou a ofensiva também nesse plano, com denúncias sobre o risco de retomada da inflação e a necessidade de novos ajustes, com a elevação das taxas de juros, na tentativa de dar prioridade à estabilidade monetária em detrimento da expansão econômica. A revista *The Economist* revelou a esperança de que, com a mudança da situação internacional, a direita possa voltar à carga, apoiada, segundo a revista, em dois temas propícios ao pensamento conservador: a inflação e a violência. Os casos latino-americanos são significativos nesse sentido.

A fase atual está marcada pelo recrudescimento dos enfrentamentos entre os governos progressistas e a oposição de direita, no plano político e ideológico. As tentativas de desqualificação do papel do Estado ganham destaque central como tema centralizador do conjunto de debates e polêmicas entre direita e esquerda. Hoje, perfilam-se no continente países que seguem o esquema do Estado mínimo: o México tenta dar início a um processo de privatização da empresa petrolífera Pemex, dando exemplo desse novo ímpeto privatizador do neoliberalismo; o Peru, aderido recentemente, assim como a Costa Rica e o Chile, embora tenham consertado alguns dos graves buracos de seus outrora modelos de previdência privada, mantêm-se como "casos" de sucesso dessa vertente.

Por outro lado, há países que buscam a refundação de seus Estados, com base em esquemas pós-neoliberais e pós-liberais, no sentido de que buscam novas formas de representação política, além do formalismo liberal, como é o caso da Venezuela, da Bolívia e do Equador – estes últimos buscam fundar Estados plurinacionais, pluriétnicos e pluriculturais. Entre eles, estão países – como Brasil, Argentina, Uruguai e Paraguai – que puseram em prática níveis de regulação do Estado sem recompor os Estados prévios ao neoliberalismo, freando o desmantelamento dos aparatos estatais, fortalecendo capacidades setoriais de regulação estatal, brecando os processos de privatização anterior, fomentando o novo crescimento do trabalho formal e reequipando o funcionalismo e os serviços públicos.

A vitória de Evo Morales no referendo de agosto de 2008, por uma ampla margem[48], revela que as reservas de apoio de massas se mantêm, fato também presente no apoio popular a Rafael Correa e ainda a Lula. O triunfo eleitoral de Fernando Lugo e a perspectiva de vitória de Mauricio Funes em El Salvador demonstram que a margem de consolidação e de expansão dos governos progressistas na América Latina não se esgotou, apesar das ofensivas da direita.

O destino do neoliberalismo no continente não está definido. O modelo continua hegemônico, seja porque é mantido ortodoxamente em alguns países, seja porque continua de uma forma ou de outra em vários dos principais países do continente, como Brasil, México, Argentina, Colômbia, Chile, Peru, Uruguai e Costa Rica, em um mundo dominado por ele. Seu destino será decidido sobretudo nos três países de economia mais forte. Entre eles, o México avança na consolidação da hegemonia neoliberal; a Argentina e o Brasil preservam o modelo, embora tenham operado flexibilizações, mas são ameaçados por forças opositoras de direita. O Brasil, pela força de sua economia, pelo prestígio de Lula e pela possibilidade de eleição de um presidente que continue e aprofunde o governo atual, pode vir a ter um papel mais importante no balanço regional de forças entre a hegemonia neoliberal e os projetos de superá-lo.

A consolidação e a expansão da Alba é outro elemento estratégico para definir o futuro do continente e até mesmo das lutas pela construção de um mundo pós-neoliberal em escala mundial. De início, essa iniciativa avançou

---

[48] Evo Morales obteve 67% dos votos no referendo ratificatório, realizado em agosto de 2008, marca bem superior à votação de 53% que o elegeu presidente da Bolívia em 2005.

nos espaços de menor resistência, onde o neoliberalismo nunca existiu – como Cuba – e onde fracassou antes de poder se consolidar – como Venezuela, Bolívia e Equador – já que os governos locais foram derrubados por movimentos populares. Somaram-se a Alba Honduras, pelo tipo vantajoso de troca, e, da mesma maneira, a Nicarágua, que começa a demonstrar a superioridade dos princípios da solidariedade e da complementaridade sobre os princípios do livre-comércio. Petrocaribe reforça igualmente esse argumento, e nos permite imaginar um futuro favorável à expansão da Alba.

Um limite a esse caminho é dado pelo alto grau de internacionalização das economias do continente, em especial as de maior desenvolvimento relativo, como México, Brasil e Argentina, e pode ser, no caso desses dois últimos, até mesmo um limite para o aprofundamento do Mercosul. Os projetos de integração regional coincidem em parte com os interesses de grandes empresas internacionais e de empresas nacionais internacionalizadas, embora prefiram os tratados de livre-comércio, porque lhes permitem aprofundar sua integração no mercado internacional e nas potências do centro do capitalismo. Contudo, a perda de dinamismo destas, em comparação com o comércio inter-regional e com as grandes economias do Sul do mundo, em especial China e Índia, favorece o interesse dessas grandes empresas por aspectos dos processos de integração, sobretudo aqueles que lhes abrem mercados maiores e perspectivas de novos investimentos.

Alguns projetos, como o Banco do Sul, o gasoduto continental, a Unasul, o Conselho Sul-Americano de Defesa e mesmo o Mercosul, são campos de disputa futura sobre o caráter da integração sul-americana, que ainda não dispõe de projetos de formulação sobre seu futuro os quais possam apontar seus caminhos, seus dilemas e suas perspectivas.

Pode-se prever que os próximos grandes enfrentamentos na região se darão nos processos de eleição ou reeleição dos atuais governantes dos países que participam dos projetos de integração regional, objetivo para o qual apontam tanto as forças atualmente governantes quanto as ofensivas das direitas locais. Sucessões como as do Uruguai (2009), da Bolívia (2009, conforme a nova Constituição), do Brasil (2010), da Argentina (2011) e da Venezuela (2012) definirão se o espectro atual de governos progressistas terá continuidade – condição necessária, embora não suficiente, para que a fisionomia da região na primeira metade do século XXI seja definida a partir desse campo de enfrentamentos – ou se a direita voltará à cena.

Para uma América Latina pós-neoliberal?

Até que ponto esse novo impulso transformador na América Latina pode aprofundar seus modelos antineoliberais em um mundo que continua dominado pelas políticas de livre-comércio, pela OMC, pelo Banco Mundial, por potências predominantemente conservadoras – das quais a Europa é um exemplo e os EUA, mesmo com Barak Obama, são outro?

O socialismo soviético representou o primeiro grande impulso transformador no século passado, mas fracassou porque não conseguiu superar seu isolamento inicial e, quando o fez, não foi na direção da Europa desenvolvida, do centro do capitalismo, dos países de maior desenvolvimento das forças produtivas, mas na direção oposta, da Ásia mais atrasada e da América Latina, e de um país de menor desenvolvimento dentro do próprio continente, Cuba. Que potencialidades tem o processo de luta antineoliberal na América Latina? Resume-se a reações antineoliberais no marco dos regimes capitalistas ou tem um potencial transformador muito mais profundo? Os governos de países como Brasil, Argentina e Uruguai serão sucedidos por governos de direita, e terão representado apenas um momento de recomposição dos processos de acumulação e de reconquista de legitimidade dos Estados, postos em crise pelas políticas neoliberais?

A luta antineoliberal, ainda que recente, já tem história, já percorreu várias fases. Começou com o "caracazo", movimento popular de resistência ao pacote neoliberal do governo de Carlos Andrés Pérez na Venezuela, em 1989, continuou com a rebelião zapatista, em 1994, e prolongou-se com as mobilizações populares dos camponeses sem-terra no Brasil, com as lutas dos movimentos indígenas no Equador, na Bolívia e no Peru, com as lutas dos piqueteiros e pela recuperação das fábricas na Argentina. Em sua fase de luta defensiva, houve resistência ao neoliberalismo.

O triunfo eleitoral de Hugo Chávez, em 1998, combinado com as crises no Brasil (1999) e na Argentina (2001-2002), funcionou como um momento de transição para uma segunda fase, a da crise hegemônica e da disputa política pelo governo e pela colocação em prática de políticas alternativas. Se na primeira etapa os movimentos sociais tiveram um papel protagonista, a passagem para a segunda significou, para as forças antineoliberais, o desafio de reocupar o espaço político mediante formas tradicionais ou inovadoras de articulação entre a esfera social e a esfera política.

Veio em seguida a fase marcada pela impressionante série de vitórias eleitorais no bojo da rejeição ao neoliberalismo, de eleições e de reeleições de governos que, de uma forma ou de outra, foram constituindo o novo bloco de forças progressistas na América Latina e configurando um espaço alternativo aos governos que haviam ocupado praticamente todo o espectro político do continente na década anterior.

Essas forças avançaram nas linhas de menor resistência do neoliberalismo – em especial as políticas sociais, pelas devastações que o neoliberalismo produziu nesse plano – e nos projetos de integração regional – pelo fracasso das políticas de livre-comércio no continente –, assim como nos graus de recomposição da capacidade dos Estados – tornados mínimos pelo neoliberalismo – a fim de promover regulações e retomar sua função de garantir e estender os direitos sociais.

Foi o período histórico que mais alterou na direção progressista, de forma concentrada, o campo político e ideológico latino-americano – só comparável ao ciclo de guerras de independência, dois séculos antes. Estando o neoliberalismo despreparado para enfrentar reações no plano político, e os Estados Unidos envolvidos em sua política de "guerra infinita" e em políticas para a região, em poucos anos – de 1998 a 2008 – assumiram governos dessa linha em oito países da região, com derrotas importantes em apenas quatro (México, Peru, Colômbia e Costa Rica).

Depois desse período de extensão dos novos tipos de governo, alguns sinais começaram a apontar para uma reação, para uma contra-ofensiva da direita. As duas fases se entrelaçam no tempo: enquanto Fernando Lugo triunfa, e põe fim a mais de seis décadas de regime colorado, e Mauricio Funes (FLMN) desponta como favorito às eleições de abril de 2009 em El Salvador, as ofensivas direitistas, valendo-se das dificuldades e das contradições vividas por esses governos, continuam.

Essa reação teve início com a ofensiva da direita venezuelana – e a tentativa de golpe em abril de 2002 –, logo seguida das denúncias de corrupção contra Lula (2005). Ambos os casos prenunciavam a nova configuração do bloco da direita – direção ideológica e política da grande mídia privada, tendo os partidos da direita como agentes. A direita boliviana valeu-se da Assembleia Constituinte para reagrupar-se, concentrando-se nas áreas economicamente dinâmicas da região oriental do país.

A direita retomou a iniciativa contra Lula, com denúncias de corrupção – apoiadas no férreo monopólio da mídia privada e no bloco de partidos de direita – que apontavam para o seu *impeachment*. O apoio obtido através das políticas sociais permitiu ao presidente superar a crise e consolidar-se por essa mesma via, reelegendo-se e conseguindo o apoio de quase dois terços da população e um nível de rejeição de apenas 8%.

Hugo Chávez teve de enfrentar uma oposição direitista que alternou boicotes com participação eleitoral. Confiante na possibilidade da via institucional, a direita reunificou-se e fortaleceu-se, até derrotar o governo no referendo de novembro de 2007. Assim que assumiu o lugar do marido, Cristina Kirchner sofreu fortes ataques da oposição a partir de sua proposta de elevação de impostos sobre as exportações agrícolas. Depois de ter conseguido aprovar seu projeto de uma nova Constituição, Evo Morales sofreu os mais violentos ataques da oposição, que afetaram o apoio ao seu governo.

Até aqui, os blocos opositores tiveram um caráter claramente restaurador diante dos avanços conseguidos, em maior ou menor medida, pelos governos progressistas. Suas plataformas apontam para uma retomada dos Estados mínimos, com menos impostos, retomada dos processos de privatização, diminuição dos gastos estatais, mais abertura das economias e acentuação dos processos de precarização das relações de trabalho. Trata-se de um conjunto de medidas que não compõe um programa, serve apenas para aglutinar setores descontentes e deslocados do poder.

O que será da América Latina depois desses governos progressistas? Que grau de irreversibilidade têm as transformações? Que tipo de regressão pode sofrer o continente, caso não consiga consolidar os processos políticos atuais?

Uma primeira possibilidade seria o prolongamento dos governos atuais e, como consequência, a consolidação dos processos de integração, que se projetaria para moedas únicas regionais, eventualmente Bancos Centrais coordenados, concretização do Parlamento Latino-Americano, com avanços nos modelos econômicos de cada país e mais possibilidades de ruptura e de construção de modelos alternativos. No plano internacional, a América Latina daria uma forte contribuição à construção de um mundo multipolar, fortalecendo a integração regional.

É necessário recordar que as estratégias antineoliberais, as únicas possíveis no marco das correlações de força nacionais e internacionais, supõem uma disputa hegemônica prolongada, porém não significam nem a aliança subordinada a frações burguesas dominantes – como na estratégia reformista tradicional – nem o aniquilamento do adversário – como na estratégia da luta armada. Significam antes recolocar a disputa hegemônica como guerra de posições – no sentido gramsciano –, passando pela conquista de governos, de programas que revertam os processos mercantilizadores e retomem a capacidade reguladora e de implementação de medidas sociais por parte do Estado, que impulsionem a recomposição de sujeitos sociais antineoliberais e anticapitalistas e, numa etapa superior, a partir de um Estado refundado, cristalizem a nova relação de forças e de poder entre os grandes blocos sociais.

Alguns projetos de integração regional apresentam grandes dificuldades e podem ser desarticulados dependendo do grau de avanço que alcancem os governos atuais; é o caso do gasoduto continental, do Banco do Sul, do Conselho de Segurança da América do Sul, entre outros. Há um apoio popular como nunca a esquerda havia tido no continente, sobretudo graças às políticas sociais desenvolvidas pelos governos progressistas, elemento diferenciador em relação aos governos neoliberais.

É esse apoio que se contrapõe ao poder econômico e midiático da direita, e faz com que as eleições na região se desenvolvam em cenários muito similares. Os candidatos podem ser mais radicais ou mais moderados, o cenário se repete sempre: há, de um lado, um bloco neoliberal apoiado no poderoso monopólio privado da mídia e, de outro, as políticas sociais dos governos. Esse monopólio fabrica – no sentido de "fabricação do consenso", termo empregado por Chomsky[49] – a opinião pública, define cotidianamente os temas que seriam os mais importantes para o país, faz passar sua interpretação como se fosse de interesse geral, mas é derrotado quando intervêm os eleitores. A ponto de um jornalista brasileiro, derrotados ele e o jornal para o qual trabalhava nas eleições presidenciais de 2006, afirmar: "O povo derrotou a opinião pública".

Por seu significado, o destino de processos como da Venezuela, da Bolívia e do Equador é essencial para o futuro político e ideológico da região, ainda que este dependa, pelo peso que tem esses países, do que acontecerá com os governos atuais do Brasil e da Argentina e qual será o futuro do México. O que é certo é que a fisionomia da América Latina na primeira metade do século XXI depende do destino dos governos progressistas atualmente existentes no continente.

Mas que peso pode ter a América Latina na situação do neoliberalismo e do capitalismo no mundo? Em que medida a diminuição do peso econômico do continente, sob o impacto negativo das políticas neoliberais, tira

[49] Noam Chomsky e Edward S. Herman, *Manufacturing Consent: The Political Economy of the Mass Media* (Nova York, Pantheon, 2002).

importância de tudo que a região vive hoje, e promete continuar vivendo no futuro próximo, no destino geral do mundo nas próximas décadas?

Podemos dizer, de forma sintética, mas sem perder o essencial, que o mundo contemporâneo está dominado por três grandes eixos, por três grandes monopólios de poder: o poder das armas, o poder do dinheiro e o poder da palavra. A América Latina pode contribuir, em alguns aspectos, para o avanço na superação dessas estruturas de poder, mesmo que, por si só, não tenha peso para alterá-las substancialmente. No entanto, mediante alianças com a Índia, a China, a África do Sul, a Rússia e o Irã, e com a intensificação dos intercâmbios Sul–Sul, o continente pode vir a pesar numa inserção distinta no cenário mundial e num mundo igualmente distinto. De certa forma, isso já é verdade, e comprova-se na capacidade relativa de resistência diante da crise econômica atual, que não deixa de afetar o continente, porém de forma muito mais amainada do que nas crises anteriores.

A luta contra o poder das armas significa romper o mundo sob a hegemonia imperial estadunidense. Para isso, a contribuição da América Latina tem sido recusar-se a apoiar as políticas de guerras infinitas do império, o que se deu de maneira muito clara quando os Estados Unidos não conseguiram nenhum voto no Conselho de Segurança da ONU para a invasão do Iraque, nem sequer de alguns de seus aliados mais próximos, como o Chile e o México. A Colômbia, epicentro das guerras infinitas na região, encontra-se isolada, como se viu no episódio da agressão ao Equador, quando recebeu o apoio somente de Washington e a condenação dos outros países, assim como da OEA. A América Latina é a única região do mundo a realizar processos de integração relativamente autônomos em relação aos Estados Unidos, a ter alternativas aos tratados de livre-comércio propostos por Washington e pela OMC. Possui, além disso, alguns dos poucos governos do mundo que se opõem frontalmente e desafiam a hegemonia imperial norte-americana: Cuba, Venezuela, Bolívia e Equador.

No entanto, isso não é suficiente para construir um contrapeso político e militar aos Estados Unidos; no máximo, resiste e constrói uma área de integração numa região com pouco peso na nova ordem econômica mundial. A fundação da Unasul, um projeto de integração de toda a América do Sul, e a proposta de um Conselho Sul-Americano de Defesa, ambos sem a participação dos Estados Unidos, assim como o início do funcionamento do Parlamento do Mercosul, apontam para um espaço mais amplo e com novos potenciais de integração.

A importância do conjunto da região vem de seus recursos energéticos (em particular o petróleo, mas também o gás) e de seu agronegócio (com destaque para a exportação de soja, mas também para o mercado de consumo interno, em processo de constante ampliação), assim como de seus processos de integração, que multiplicam a força política em negociações de seu interesse. Mas são os processos de ruptura com o modelo neoliberal e os espaços de comércio alternativo, como a Alba, que fazem do continente uma referência nos debates sobre alternativas ao neoliberalismo, como ocorre de forma crescente no Fórum Social Mundial e nos fóruns regionais e temáticos. Lideranças em níveis e espaços distintos, como a de Hugo Chávez e a de Lula, tanto quanto a projeção de processos como o boliviano e equatoriano, dão a dimensão política da importância crescente da América Latina no mundo.

Contudo, há debilidade nos processos pós-neoliberais latino-americanos, e um dos elementos dessa debilidade é seu relativo isolamento mundial. Não encontrando aliados estratégicos, o continente é obrigado a aproximar-se de países que têm alguma forma de conflito com os Estados Unidos, como a Rússia, o Irã, a China e a Bielo-Rússia. Além disso, os países que deram passos concretos no sentido da ruptura com o modelo neoliberal não são os de maior desenvolvimento relativo na América Latina, embora possam contar com o peso do petróleo venezuelano como trunfo importante do ponto de vista econômico.

No plano ideológico, a América Latina pode lançar teses para o debate, como as do Estado plurinacional e pluriétnico, do socialismo do século XXI e da integração solidária, exemplificada pela Alba. No entanto, nem mesmo dentro de cada país há meios de difusão de novas ideias que estejam à altura dos processos políticos contemporâneos e de seus desafios e se contraponham ao pensamento único e suas teses, reiteradamente reproduzidas pela mídia monopolista.

O pensamento crítico latino-americano, que tem uma larga tradição de grandes interpretações e propostas teóricas e políticas, encara novos desafios a partir de temas renovados, como o novo nacionalismo e os processos de integração regional, os povos originários e o novo modelo de acumulação, os processos de socialização e desmercantilização, as novas formas a ser assumidas pelo Estado, as funções e a natureza da esfera pública, o futuro político e histórico do continente.

Em alguns países, dos quais o mais significativo é a Bolívia, há um rico e renovado processo de reflexão e de elaboração teórica sobre os processos em curso. Em outros, e o caso mais radical é a Venezuela, vê-se uma enorme dissociação entre a intelectualidade acadêmica e o processo vivido pelo país. Em outros ainda, como Brasil, Argentina e México, apesar de seu forte sistema acadêmico e do alto nível de qualidade de sua elaboração intelectual, parte significativa da atividade intelectual não se articula com os principais processos de luta social e política experimentados no país. O potencial teórico existente na região pode ter um espaço importante na construção de alternativas pós-neoliberais, se encontrar novas formas de articulação com os processos históricos contemporâneos.

Neste começo de novo século, a América Latina vive uma crise hegemônica de enormes dimensões, em que o velho tenta sobreviver, enquanto o novo encontra dificuldades para substituí-lo. As condições objetivas de esgotamento do modelo neoliberal estão dadas, mas países como Brasil, Argentina e Uruguai, que, mesmo flexibilizando-o, mantiveram o modelo – dando continuidade à política financeira, ainda que não à política econômica –, conseguiram, cada um à sua maneira, retomar os ciclos expansivos de suas economias – coisa que os governos anteriores não haviam conseguido com a sua aplicação ortodoxa. O México, que ainda o aplica de forma ortodoxa, não logra avançar economicamente e o próprio Chile – caso exemplar de aplicação do modelo neoliberal – vê o ciclo de governos da Concertación se esgotar.

As dificuldades na construção de sujeitos sociais e políticos de superação do neoliberalismo respondem, em grande medida, pelos obstáculos que se colocam para a superação do modelo neoliberal. Quando se avançou na construção de novas formas de direção política e ideológica da luta antineoliberal, houve avanços significativos nessa direção. A resolução da crise hegemônica projetará o futuro do continente na direção que as lutas sociais, políticas e ideológicas definirem.

ÍNDICE DOS PRINCIPAIS NOMES E SIGLAS CITADOS

Aguirre Cerda, Pedro (1879-1941) – Governou o Chile entre 1938 e 1941 a partir de uma aliança de centro-esquerda do Partido Radical com a Frente Popular (comunistas e socialistas).

Allende, Salvador (1908-1973) – Principal dirigente da esquerda chilena, um dos fundadores do Partido Socialista local. Médico de formação, ocupou o cargo de ministro da Saúde no governo de Aguirre Cerda. Após ser derrotado três vezes, elegeu-se presidente em 1970 pela Unidade Popular com base em uma plataforma socialista. Cercado pelos golpistas, suicidou-se três anos depois no palácio presidencial.

Alternativa Bolivariana para os povos de nossa América (Alba) – Bloco de integração regional criado em 2004 pelos governos de Cuba e Venezuela ao qual se incorporaram Bolívia (2006), Nicarágua (2007), Dominica e Honduras (2008). Em contraposição aos tratados de livre-comércio, busca promover a solidariedade e o comércio justo.

Amaru, Túpac (1742-1781) – Liderou uma rebelião indígena contra o domínio espanhol. É considerado precursor da independência peruana. Após sua captura, a batalha prosseguiu com Túpac Catari (1750-1781), na região do Altiplano andino, que comandou um exército com cerca de 40 mil homens e chegou a sitiar a cidade de La Paz. Ambos foram mortos pelos espanhóis.

Artigas, José (1764-1850) – Político, militar, herói da independência uruguaia.

Astúrias, Miguel Ángel (1899-1974) – Escritor guatemalteco vencedor do Prêmio Nobel em 1967, destacou-se pela crítica social, como em *Homens de milho* (1949) e *Vento forte* (1952).

Área de Livre Comércio das Américas (Alca) – Proposta lançada no início dos anos 1990 pelo presidente dos Estados Unidos George Bush com o objetivo de estabelecer uma legislação supranacional que, entre outros aspectos, eliminaria restrições para a circulação de capital e mercadorias no continente. Foi derrotada pela emergência de novos governos e movimentos sociais em 2005.

Bachelet, Michelle (1951) – Primeira mulher a assumir a presidência do Chile, em 2006. Militante da Juventude Socialista pela Unidade Popular durante o governo de Salvador Allende. Em 1975, foi presa e torturada, exilando-se na Austrália e na Alemanha.

Banco do Sul – Instituição financeira de fomento ao desenvolvimento regional lançada por governos latino-americanos em 2007 para se contrapor ao Banco Mundial (Bird) e ao Banco Interamericano de Desenvolvimento (BID).

Batalha de Ayacucho – Combate travado no Peru em 1824 que colocou fim ao domínio colonial espanhol na América do Sul.

Bolívar, Simón (1783-1830) – Considerado o maior estrategista da resistência contra o domínio espanhol na América Latina, defendia a união do continente em uma só nação. Foi presidente do Peru e da chamada Grande Colômbia, república extinta em 1831 que abarcava os territórios atuais da Colômbia, Equador, Venezuela e Panamá, além de parte de outros países latino-americanos.

Borges, Jorge Luis (1889-1986) – Renomado escritor e ensaísta argentino, um dos expoentes da literatura do século XX. Entre suas obras mais conhecidas estão *Ficções* (1944) e *O Aleph* (1949).

Cárdenas Del Rio, Lázaro (1895-1970) – Presidente do México por seis anos (1934-1940), tornou-se uma das maiores referências políticas do país. Nacionalizou as riquezas petrolíferas, executou a reforma agrária e estimulou a educação pública.

Carpentier, Alejo (1904-1980) – Escritor cubano formulador das bases teóricas do "realismo maravilhoso". Conhecido por seu estilo barroco, é autor de *O reino deste mundo* (1949), sobre a revolução haitiana.

Chávez, Hugo (1954) – Militar venezuelano alçado à presidência de seu país em 1998 pelo voto popular e reeleito em 2006. Em 2002, resistiu a um golpe orquestrado pela elite econômica com apoio da mídia e dos Estados Unidos. Seu governo inicia um novo período na América Latina de tentativa de superação do neoliberalismo no continente.

Che Guevara, Ernesto (1928-1967) – Ícone da esquerda mundial, inspira antigas e novas gerações de militantes. Participou do movimento guerilheiro cubano, que derrubou a ditadura de Fugencio Batista, e de diversas iniciativas de coordenação e articulação de esquerda. Morreu na guerrilha boliviana.

Cienfuegos, Camilo (1932-1959) – Destacado líder guerrilheiro cubano, morreu logo depois do triunfo da revolução em um acidente aéreo.

Correa, Rafael (1969) – Economista equatoriano eleito presidente em 2006.

Cortázar, Julio (1914-1984) – Escritor argentino reconhecido mundialmente por suas narrativas fantásticas. Autor de *Bestiário* (1951) e *O jogo da amarelinha* (1963).

Comissão Econômica para América Latina e Caribe (Cepal) – Órgão vinculado à ONU, fundado em 1948. Desenvolveu um marco teórico que rompeu com a linearidade dos modelos de desenvolvimento da época e constitui-se como base para a aplicação dos programas de industrialização por substituição de importações nos países da região.

Comuna, La – Grupo de intelectuais bolivianos que, a partir de uma nova interpretação da historiografia do país, construiu uma plataforma política favorável à reinterpretação do papel dos povos originários na história boliviana. Entre seus intelectuais mais destacados estão o atual vice-presidente Álvaro García Linera, Raúl Prada e Luis Tápia.

Confederação de Nacionalidades Indígenas do Equador (Conaie) – Articulação política de movimentos indígenas criada em 1986, no marco das resistências às privatizações na América Latina. Suas mobilizações contribuíram para a derrubada de Abdalá Bucaram (1997) e Jamil Mahuad (2000). Seu braço político é o Pachakutik.

Conselho de Segurança da América do Sul – Órgão de consulta vinculado à União de Nações da América do Sul (Unasul). Nasceu de uma proposta do governo brasileiro em 2008 em reposta à crescente militarização da política externa estadunidense.

Consenso de Washington – Conjunto de políticas públicas apoiadas por organizações financeiras multilaterais e países desenvolvidos que foi aplicado na América Latina nos anos 1990. Privatizações, ajustes fiscais e desregulamentação de fluxos de capitais e de mercadorias são alguns exemplos.

Escola Latino-Americana de Medicina (Elam) – Criada em Havana, no ano de 1999 pelo presidente de Cuba, Fidel Castro, tem o objetivo de formar médicos comunitários. Oferece bolsas a estudantes pobres de países latino-americanos, africanos e dos Estados Unidos que, depois de formados, regressam a seus países de origem. A partir de um convênio da Alba, Hugo Chávez criou uma unidade na Venezuela. Os esforços fazem parte do compromisso de formar 200 mil médicos na América Latina e no Caribe em 10 anos.

Estenssoro, Víctor Paz (1907-2001) – Fundador do Movimento Nacionalista Revolucionário (MNR) boliviano, eleito quatro vezes presidente de seu país.

Exército de Libertação Nacional (ELN) – Formado em 1964, é um movimento de resistência armada colombiano, que contou com a participação de Camilo Torres.

Exército Zapatista de Libertação Nacional (EZLN) – Grupo de resistência surgido em meados dos anos 1980, que ganhou projeção mundial em janeiro de 1994 com a ocupação de territórios em Chiapas, México.

Fidel Castro (1926) – Líder revolucionário cubano, criou e liderou o Movimento Revolucionário 26 de Julho. Comandante do movimento guerrilheiro que depôs o ditador Fulgencio Batista em 1959, ocupou o cargo de primeiro-ministro até 1976, quando foi eleito presidente do Conselho de Estado. Em 2006, afastou-se do posto por motivo de saúde. Renunciou oficialmente em 2008 e foi substituído por seu irmão Raúl Castro, eleito presidente.

Fórum Social Mundial (FSM) – Espaço de articulação e debate político surgido em 2001 em Porto Alegre, Brasil, inspirado nas manifestações contrárias ao Fórum Econômico de Davos. Sob o lema "um outro mundo é possível", o FSM agrupa diversas formas de resistência ao neoliberalismo.

Frente Sandinista de Libertação Nacional (FSLN) – Fundada em 1961, inspirou-se na luta anti-imperialista de Augusto Sandino e tomou o poder da Nicarágua, governando o país entre 1979 e 1990.

Forças Armadas Revolucionárias da Colômbia (Farc) – Movimento de resistência armada que iniciou suas atividades nos anos 1940. Dois de seus principais líderes morreram em 2008: Manuel Marulanda, o "Tiro Fijo", e Raúl Reyes.

Guerra da Água – Rebelião vitoriosa desencadeada no ano de 2000, em Cochabamba (Bolívia), por militantes de movimentos sociais contra a privatização do serviço de distribuição de água.

Guillén, Nicolás (1902-1989) – Poeta, jornalista e militante político cubano.

Kirchner, Cristina (1953) – Advogada, eleita presidente da Argentina em 2007.

Kirchner, Nestor (1950) – Advogado, presidente argentino entre 2003 e 2007.

Lugo Méndez, Fernando Armindo (1949) – Bispo paraguaio, eleito presidente em 2008 apoiado por uma coalizão de centro-esquerda, colocando fim ao domínio de 61 anos do Partido Colorado.

Lula da Silva, Luiz Inácio (1945) – Líder sindicalista, fundador do PT, eleito presidente do Brasil em 2002 e em 2006.

M-19 (Movimento 19 de abril) – Movimento de resistência armada surgido em 1973 que se tornou um partido político em 1990, batizado de Aliança Democrática M-19.

Mariátegui, José Carlos (1894-1930) – Intelectual peruano considerado um dos expoentes da teoria revolucionária latino-americana.

Marighella, Carlos (1911-1969) – Militante comunista, fundou a Ação Libertadora Nacional (ALN) e foi um dos destaques da luta armada contra o regime militar no Brasil.

Martí, Farabundo (1853-1932) – Fundador do Partido Comunista Salvadorenho, delegado da Internacional Comunista. Organizou uma guerrilha camponesa e indígena em 1932.

Martí, José (1853-1895) – Intelectual cubano reverenciado como herói da luta pela independência. Fundou o Partido Revolucionário Cubano (1892) e foi morto por tropas espanholas no campo de batalha.

Martín, San José de (1778-1850) – Militar argentino que participou das lutas pela independência da Argentina, do Chile e do Peru.

Mella, Julio Antonio (1903-1929) – Fundador do Partido Comunista de Cuba e organizador do I Congresso Nacional dos Estudantes do país.

Mercosul – Bloco de integração regional formado por Argentina, Brasil, Paraguai e Uruguai em 1991, que tem Chile e Bolívia como membros associados. Um pedido de adesão da Venezuela está em debate no Parlamento dos países fundadores.

Mistral, Gabriela (1889-1957) – Escritora chilena, primeira mulher e primeira representante da América Latina a receber o Prêmio Nobel de Literatura (1945). Autora de *Ternura* (1924) e *Tala* (1938).

Montoneros – Movimento de resistência armada argentino criado nos anos 1960 que ganhou vulto com a volta de Perón à presidência em 1973.

Morales, Evo (1959) – Primeiro presidente de origem indígena da Bolívia. Foi dirigente dos camponeses produtores de folha de coca e líder do MAS.

Movimento Revolucionário 26 de Julho – Movimento clandestino cubano criado em 1953 por Fidel Castro e outros companheiros. Liderou a resistência clandestina até a Revolução Cubana, em 1959.

Movimento ao Socialismo (MAS) – Coalizão político-eleitoral liderada por Evo Morales que nasceu em 1995, em Cochabamba (Bolívia), no contexto da resistência dos *cocaleros* ao neoliberalismo. Incorporou outros setores da sociedade e, em 2005, conquistou a presidência.

Movimento dos Países Não-Alinhados – Iniciou-se durante a Guerra Fria, em 1955, na reunião de Bandung, Indonésia. Representou uma alternativa aos países que buscavam uma articulação internacional que não fosse liderada pelos Estados Unidos ou pela União Soviética.

Movimento da Esquerda Revolucionária (MIR) – Criado em 1965, sob a influência da Revolução Cubana, participou da coalizão que elegeu Salvador Allende. Após o golpe militar, se dissolveu em meio à forte repressão que sofreu.

Movimento dos Trabalhadores Rurais Sem Terra (MST) – Organização popular camponesa criada em 1984 a partir da luta pela reforma agrária. Com atuação distribuída em 24 Estados, o MST tornou-se um dos principais movimentos sociais do país e defende a construção de um projeto popular baseado na justiça social e na dignidade humana.

Neruda, Pablo (1904-1973) – Poeta chileno, militante do Partido Comunista e considerado um dos principais literatos da América Latina. Ganhou o Prêmio Nobel em 1971. Autor de *Vinte poemas de amor* (1924) e *Canto geral* (1950).

Operação Milagre – Política de cooperação internacional cubano-venezuelana que oferece atendimento oftalmológico a latino-americanos pobres. Em quatro anos de prática, mais de 1 milhão de pessoas receberam atendimento gratuito.

Organização Latino-Americana de Solidariedade (Olas) – Organismo liderado por Cuba para coordenar estrategicamente as lutas anti-imperialistas na região. Nasceu em 1967, após o êxito da reunião da Tricontinental. Perdeu vigor após o assassinato de Che Guevara.

Ortega, Daniel (1945) – Militante da Frente Sandinista de Libertação Nacional (FSLN), foi presidente da Nicarágua entre 1995 e 1990 e reeleito em 2006.

Perón, Isabelita (1931) – María Estela Martínez de Perón, segunda mulher de Juan Domingo Perón. Elegeu-se vice-presidente em 1974 e assumiu a presidência quando Perón morreu, um ano depois. Governou até 1976, sendo deposta pelo golpe militar.

Perón, Juan Domingo (1895-1974) – Personalidade emblemática da política argentina. Presidente em três períodos (1946-1952; 1952-1955 e 1971-1972), gerou uma corrente política conhecida como peronismo.

Prestes, Luis Carlos (1898-1990) – Um dos mais influentes dirigentes comunistas brasileiros do século XX, ficou conhecido como o Cavaleiro da Esperança por conta da lendária marcha que atravessou o Brasil de 1924 a 1927.

Petrocaribe – Acordo de cooperação energética regional, firmado em 2005, sob a liderança do governo venezuelano. Visa a sanar os problemas energéticos no Caribe a partir de uma política baseada no princípio da complementaridade e da solidariedade.

Recabarren, Luís Emílio (1876-1924) – Teórico e político chileno que participou da fundação dos partidos comunistas do Chile e da Argentina.

Roa Bastos, Augusto (1917-2005) – Considerado o principal escritor paraguaio, recebeu o Prêmio Cervantes em 1989.

Rulfo, Juan (1917-1986) – Escritor mexicano, publicou *Chão em chamas* (1953) e *Pedro Páramo* (1955). É uma das principais referências da literatura fantástica na América Latina.

Sandino, Cesar Augusto (1895-1934) – Guerrilheiro nicaraguense, liderou a rebelião popular contra a ocupação estadunidense no fim dos anos 1920.

Teologia da Libertação – Fecunda interação entre marxismo e cristianismo, surgida nos anos 1970 na América Latina.

Tratado de Livre-Comércio da América do Norte (Nafta) – Acordo firmado por Estados Unidos, Canadá e México que criou uma zona de livre comércio a partir de janeiro de 1994.

Tricontinental – Reunião realizada em 1966 em Cuba, no marco das vitórias da Revolução Cubana e da Revolução Argelina, que impulsionaram movimentos revolucionários na América Latina, na África e na Ásia. Do encontro surgiu uma publicação homônima.

Triple A (Aliança Anticomunista Argentina) – Agrupamento de ultradireita argentino, que executava operações contra militantes de esquerda em meados dos anos 1970.

Tupamaros – Movimento urbano armado em defesa da libertação nacional criado nos anos 1960 no Uruguai. Em 1985, após ser desarticulado pela ditadura, tornou-se partido político e participou da coalizão Frente Ampla que elegeu Tabaré Vázquez.

União das Nações Sul-Americanas (Unasul) – Espaço de articulação política dos governos da América do Sul que visa a acelerar o processo de integração regional.

Unidade Popular (UP) – Coalizão política de esquerda formada em 1969 e que elegeu Salvador Allende.

Vargas, Getúlio (1883-1954) – Tido como o principal estadista brasileiro do século XX, foi presidente entre os períodos 1930-1945 e 1950-1954. Suas políticas priorizavam o desenvolvimento industrial e o reconhecimento dos direitos sindicais dos trabalhadores.

Vázquez, Tabaré (1940) – Médico de formação, militante do Partido Socialista, eleito presidente do Uruguai em 2004.

Velasco Alvarado, Juan Francisco (1910-1977) – Militar peruano, liderou uma insurreição em 1968, quando um grupo de oficiais do Exército decidiu implementar reformas sociais e econômicas no Peru.

Yrigoyen, Hipólito (1852-1933) – Primeiro presidente argentino, eleito em sufrágio universal masculino e secreto. Governou em dois períodos: 1916-1922 e 1928-1930.

Zapata, Emiliano (1879-1919) – Um dos líderes militares mais destacados da Revolução Mexicana, notabilizou-se pela defesa da reforma agrária. Ao lado de Francisco "Pancho" Villa, controlou parte significativa do território mexicano nos anos 1910. Foi assassinado em 1919.

CRÉDITOS DAS IMAGENS

AKG (p. 159a)

Agência Brasil / Antônio Cruz (p. 165b)

Bildarchiv Preubischer Kulturbesitz (p. 159b)

Brasil de Fato / ABI (p. 163a)

Brasil de Fato / ABI / José Luis Quintana (p. 163b)

Brasil de Fato / APC (p. 165a)

Brasil de Fato / Francisco Rojas (p. 166)

Brasil de Fato / Leonardo Melgarejo (p. 164a)

Brasil de Fato / Prensa Miraflores / Marcelo García (p. 162)

Estudios Revolución (p. 161)

Gilberto Carvalho (p. 164b)

Granma (p. 160b)

Osvaldo Salas (p. 160a)

As letras indicam a posição na página, de cima para baixo e da esquerda para a direita. Não foi possível identificar a autoria de algumas fotos publicadas neste livro. Localizados os fotógrafos, a editora se dispõe a creditá-los imediatamente nas próximas edições. A Boitempo agradece ao jornal *Brasil de Fato* pela cessão de imagens.

SOBRE O AUTOR

Emir Sader nasceu em São Paulo, em 1943. Formado em Filosofia pela Universidade de São Paulo, é jornalista, sociólogo e professor da Faculdade de Filosofia, Letras e Ciências Humanas da Universidade de São Paulo (FFLCH-USP). É secretário-geral do Conselho Latino-Americano de Ciências Sociais (Clacso) e coordenador-geral do Laboratório de Políticas Públicas da Universidade Estadual do Rio de Janeiro (Uerj).

Coordena a coleção Paulicéia, publicada pela Boitempo, e organizou ao lado de Ivana Jinkings, Carlos Eduardo Martins e Rodrigo Nobile a *Latinoamericana – enciclopédia contemporânea da América Latina e do Caribe* (São Paulo, Boitempo, 2006), vencedora do 49º Prêmio Jabuti, na categoria Livro de não-ficção do ano.

Entre as publicações disponíveis no Brasil, destacam-se:

Perspectivas (Rio de Janeiro, Record, 2005).

A vingança da história (São Paulo, Boitempo, 2003).

Cuba: um socialismo em construção (Petrópolis, Vozes, 2001).

Mercosul em Debate (Rio de Janeiro, Uerj, 2001).

O poder, cadê o poder? – ensaios para uma nova esquerda (São Paulo, Boitempo, 2001).

Capitalismo e luta política no Brasil na virada do milênio (São Paulo, Xamã, 2001).

A última trincheira (Rio de Janeiro, Record, 2001).

Contraversões – civilização ou barbárie na virada do século (em coautoria com Frei Betto – São Paulo, Boitempo, 2000).

Século XX, uma biografia não-autorizada – o século do imperialismo (São Paulo, Perseu Abramo, 2000).

A teoria de dependência – balanço e perspectivas (Rio de Janeiro, Civilização Brasileira, 2000).

O mundo não é uma mercadoria – camponeses contra a comida ruim (São Paulo, Unesp, 2000).

Contraversões: civilização ou barbárie na virada do século (São Paulo, Boitempo, 2000).

Nelson Mandela (Rio de Janeiro, Revan, 1998).

Cartas a Che Guevara – o mundo trinta anos depois (São Paulo, Paz e Terra, 1997).

Poder, Estado e hegemonia (Rio de Janeiro, Uerj, 1996).

No fio da navalha (Rio de Janeiro, Revan, 1996).

O anjo Torto: esquerda (e direita) no Brasil (São Paulo, Brasiliense, 1995).

Estado e política em Marx (São Paulo, Cortez, 1993).

Fidel Castro (São Paulo, Ática, 1986).

Constituinte e democracia no Brasil hoje (São Paulo, Brasiliense, 1985).

Democracia e ditadura no Chile (São Paulo, Brasiliense, 1984).

Este livro foi composto em Adobe Garamond, corpo 11, e impresso em papel pólen soft 80g/m2 na gráfica Ave-Maria, para a Boitempo Editorial, em janeiro de 2009, com tiragem de 2.000 exemplares.